IMPROVING YOUR SPANISH THROUGH EXAMPLES
Book 1: Mastering The Subjunctive

James B. Roseborough, III
James B. Archer, Jr.

Editor, Ana J. Ugarte Blandón

Learning by example is often so much faster and more effective for me…	Aprender con el ejemplo suele ser mucho más rápido y eficaz para mí...
There have been so many times where I learned how to say something, and it was quite a while later that I learned WHY it was said in that manner.	Ha habido tantas veces en las que aprendí a decir algo, y fue bastante tiempo después que supe POR QUÉ se decía de esa manera.
James B. Roseborough, III.	**James B. Roseborough, III.**

PRAISE
ELOGIOS

I help the ShareLingo students with private or group classes to help them reach a level where they feel comfortable and ready to practice with either a native English or Spanish speaker using The ShareLingo Method.	Ayudo a los estudiantes de ShareLingo con clases privadas o grupales para ayudarlos a alcanzar un nivel en el cual se sientan cómodos y listos para practicar ya sea con un hablante nativo de Inglés o Español usando El Método ShareLingo.
When James started sharing the examples in the WhatsApp group, some of the students asked me to help them learn more about the subjunctive and the imperative mood. For me both modes are natural because it is what we use in our daily language, especially the imperative form, since it is how we Nicaraguans speak.	Cuando James empezó a compartir los ejemplos en el grupo de WhatsApp, algunos de los estudiantes me pidieron que les ayudara a aprender más sobre el subjuntivo y el imperativo. Para mí ambos modos son naturales porque es lo que usamos en nuestro lenguaje diario, especialmente la forma imperativa, ya que es como nosotros los nicaragüenses hablamos.
I remember that one of the American students whom I was helping with his Spanish asked me to use those examples to practice. We spent a month practicing with those examples. What we did was pronounce them, translate them from English to Spanish and vice versa, and create new examples based on the structure of the ones that James had shared.	Recuerdo que uno de los estudiantes norteamericanos a quién estuve ayudando con su Español me pidió usar esos ejemplos para practicar. Estuvimos practicando un mes con esos ejemplos. Lo que hicimos fue pronunciarlos, traducirlos de Inglés a Español y viceversa y creamos nuevos ejemplos basándonos en la estructura de los que James había compartido.
The students were very happy with the practice sessions. They told me that it is easier to learn that way because it is easy to learn with examples.	Los estudiantes estaban muy contentos con las prácticas, me decían que es más fácil aprender de esa manera porque es sencillo aprender con ejemplos.
What they liked the most was that they could speak in a more natural way.	Lo que más les gustaba era que podían hablar de una forma más natural.

You can learn through examples too. Just as I have done with my English. I hope you can experience the dynamics of learning from the examples that James has put together in this book.

David A. Ugarte B.
Jinotega, Nicaragua

This is one of those books that you must have in your hands no matter what. It is a must read for everyone trying to learn Spanish or English; especially for those who want to speak naturally, reason why you must master the subjunctive. You will see how easy it is with this book that is worth its weight in gold.

It's a GREAT language book, but it's also so much more than that. Although I am fully bilingual in Spanish and English, this book made me realize how much there is to learn about how to be a better bilingual person.

Learning a new language is not an easy task. Only those of us who have done it know how difficult the process is, but if there is one thing I know and I can advise you, it is that you never stop, keep moving forward.

Speaking a foreign language is one of the most satisfying things you can experience in life. Surely you have heard or seen that a second language opens hundreds of doors of opportunities; but it is more than that, it opens your mind and your heart to new worlds and to extraordinary people who will mark your life in a very special way.

Tú también puedes aprender con ejemplos, tal y como yo lo he hecho con mi Inglés. Espero que puedas experimentar la dinámica de aprender con los ejemplos que James ha puesto en este libro.

David A. Ugarte B.
Jinotega, Nicaragua

Este es uno de esos libros que debes tener sí o sí en tus manos, es una lectura obligada para todos los que intentan aprender español o Inglés; especialmente para aquellos que quieren hablar de manera natural, razón por la cual debes dominar el subjuntivo. Verás que fácil es con este libro que vale oro.

Es un GRAN libro de idiomas, pero también es mucho más que eso. Aunque soy completamente bilingüe en español e inglés, este libro me hizo darme cuenta de cuánto queda por aprender sobre cómo ser una mejor persona bilingüe.

Aprender un nuevo idioma no es tarea fácil, sólo quienes lo hemos hecho sabemos lo difícil que es el proceso, pero si algo se y te puedo aconsejar a ti es que no te detengas jamás, sigue adelante.

Hablar un idioma extranjero es una de las cosas más satisfactorias que puedes experimentar en la vida. Seguramente has escuchado o has visto que un segundo idioma abre cientos de puertas de oportunidades; pero es más que eso, te abre tu mente y tu corazón a nuevos mundos y a extraordinarias personas que marcarán tu vida de una manera muy especial.

It is possible that speaking Spanish or English gives you the opportunity to travel with confidence, get a new job, socialize, and meet lots of people, but you could also meet your best friend, your special someone or even be part of a new family. Don't lose those opportunities.

I have had the opportunity to see Brice helping ShareLingo students and providing great value to the groups using these examples. I hope these examples help you as much as they helped our students and also helped me.

Ana J. Ugarte B.
Jinotega, Nicaragua

I remember when James aka "Brice" Roseborough joined our ShareLingo family – it was August 2021. (Sidenote – he introduced himself as James, but with James Archer already being called James by the ShareLingo family, we began calling him Brice to distinguish between them).

I remember the time so well because I was in charge of a new marketing campaign for virtual or online students, and he was a new member from that effort.

James joined (& is still joining) those meetings and the ShareLingo Community has really benefitted from his participation.

At first, I don't think he was sure that ShareLingo was the right program for him - he was a little quiet and unsure of his

---

Es posible que hablar Español o Inglés te dé la oportunidad de viajar con confianza, conseguir un nuevo trabajo, socializar y conocer muchísimas personas, pero también podrías conocer a tu mejor amig@, a tu persona especial o incluso ser parte de una nueva familia. No pierdas esas oportunidades.

He tenido la oportunidad ver a Brice ayudando a los estudiantes de ShareLingo y brindando un gran valor a los grupos usando estos ejemplos. Espero que estos ejemplos te ayuden tanto como le ayudaron a nuestros estudiantes y me ayudaron a mí.

Ana J. Ugarte B.
Jinotega, Nicaragua

Recuerdo cuando James, también conocido como "Brice" Roseborough, se unió a nuestra familia ShareLingo, fue en agosto de 2021. (Nota al margen: se presentó como James, pero como James Archer ya era llamado James por la familia ShareLingo, comenzamos a llamarlo Brice para distinguir entre ellos).

Recuerdo muy bien el momento porque yo estaba a cargo de una nueva campaña de marketing para estudiantes virtuales o en línea y él era un nuevo miembro de ese esfuerzo.

James se unió (y todavía se une) a esas reuniones y la comunidad ShareLingo realmente se ha beneficiado de su participación.

Al principio, no creo que estuviera seguro de que ShareLingo fuera el programa adecuado para él; estaba un poco callado

Spanish. But that changed quickly as he began practicing and following the ShareLingo Method with other students.

I think it's amazing how much he has changed. He told us when he joined that his Spanish Speaking Level was "Basic" – but he misjudged – he's clearly been mastering Spanish for some time, and he's been able to share that knowledge with our community. It's helped both our native English and Spanish speakers.

So, thank you, James/Brice for sharing your examples and for now writing this book! You will never know how many lives you are touching and making better. Not only those of us learning from you and your examples (I include myself), but all of those that all of us will speak with and encounter in our culture sharing, travels, and so much more.

My guess is that you are touching millions of people's lives with this effort, and for that, I am truly thankful.

**Steve Archer.
Texas, United States**

e inseguro de su español. Pero eso cambió rápidamente cuando comenzó a practicar y seguir el Método ShareLingo con otros estudiantes.

Creo que es increíble lo mucho que ha cambiado. Cuando se unió, nos dijo que su nivel de habla hispana era "Básico", pero calculó mal: claramente domina el español desde hace algún tiempo y ha podido compartir ese conocimiento con nuestra comunidad. Ha ayudado tanto a nuestros hablantes nativos de inglés como de español.

Entonces, ¡gracias, James/Brice por compartir sus ejemplos y por ahora escribir este libro! Nunca sabrás cuántas vidas estás tocando y mejorando. No solo aquellos de nosotros que aprendemos de usted y sus ejemplos (me incluyo), sino todos aquellos con los que todos hablaremos y nos encontraremos en nuestro intercambio cultural, viajes y mucho más.

Mi suposición es que estás tocando la vida de millones de personas con este esfuerzo, y por eso, estoy realmente agradecido.

**Steve Archer.
Texas, Estados Unidos.**

COPYRIGHT
DERECHOS DE AUTOR

Improving your Spanish Through Examples Book 1: Mastering The Subjunctive	**Mejorando tu Inglés a través de Ejemplos** Libro 1: Dominando El Subjuntivo
© 2023 James B. Roseborough, III. James B. Archer, Jr	© 2023 James B. Roseborough, III. James B. Archer, Jr.
All Rights Reserved. No portion of this book may be reproduced, stored in a retrieval system, or transmitted in any form or by any means, electronic, mechanical, photocopy, recording, scanning, or other, except for brief quotations in critical reviews or articles, without the prior written permission of the publishers.	Reservados todos los derechos. Ninguna parte de este libro puede ser reproducido, almacenarse en un sistema de recuperación o transmitirse de ninguna forma ni por ningún medio, ya sea electrónico, mecánico, fotocopiado, grabado, escaneado u otro, excepto breves citas en artículos o reseñas críticas, sin la autorización previa por escrito de los editores.
Learn Spanish with ShareLingo today! Visit:	¡Aprende Inglés con ShareLingo hoy! Visita:
https://www.isharelingo.com/Subjunctive	https://www.isharelingo.com/Subjuntivo

DEDICATION
DEDICATORIA

Dedicated to my son, Brice.
I'm so honored to be his father.

Dedicado a mi hijo Brice.
Estoy muy honrado de ser su padre.

TABLE OF CONTENTS
TABLA DE CONTENIDO

PRAISE
ELOGIOS 2

COPYRIGHT
DERECHOS DE AUTOR 6

DEDICATION
DEDICATORIA 7

TABLE OF CONTENTS
TABLA DE CONTENIDO 8

A NOTE TO THE READER
NOTA PARA EL LECTOR 12

ACKNOWLEDGMENTS
AGRADECIMIENTOS 13

FOREWORD
PREFACIO 14

IS THIS BOOK FOR NATIVE SPANISH SPEAKERS?
¿ES ESTE LIBRO PARA HABLANTES NATIVOS DEL ESPAÑOL? 16

WHAT THIS BOOK IS ABOUT (AND WHAT IT'S NOT ABOUT)
DE QUÉ TRATA ESTE LIBRO (Y DE QUÉ NO TRATA) 17

INTRODUCTION
INTRODUCCIÓN 19

SECTION 1 - THE SHARELINGO METHOD
SECCIÓN 1 - EL MÉTODO SHARELINGO 21

SHARELINGO METHOD STEPS
PASOS DEL MÉTODO SHARELINGO 22

SECTION 2 – THE SUBJUNCTIVE
SECCIÓN 2 – THE SUBJUNTIVO 26

   When to use the subjunctive
   Cuando usar el subjuntivo 29

   Subjunctive trigger words
   Desencadenadores o Activadores del Subjuntivo 31

SECTION 3 - PRESENT SUBJUNCTIVE
SECCIÓN 3- PRESENTE DEL SUBJUNTIVO 36

  EXAMPLES
  EJEMPLOS 37

Lesson 1. Present subjunctive referring to things or actions in the future.
Lección 1. Presente subjuntivo refiriéndose a cosas o acciones en el futuro 40

  EXAMPLES
  EJEMPLOS... 42

Lesson 2: Present subjunctive to give recommendations or express a desire or a demand
Lección 2: Presente subjuntivo para dar recomendaciones o para expresar un deseo o una petición. 44

  EXAMPLES
  EJEMPLOS... 45

Lesson 3: Present subjunctive to express negative forms, hope, wishes, doubts, and uncertainty
Lección 3: Presente subjuntivo para expresar condiciones negativas, esperanzas, deseos, dudas e incertidumbres.. 47

  EXAMPLE
  EJEMPLOS... 47

Present subjunctive activities
Actividades del presente subjuntivo 50

SECTION 4 - PRESENT PERFECT SUBJUNCTIVE
SECCIÓN 4 - PRESENTE PERFECTO DEL SUBJUNTIVO 52

Lesson 4: Examples of the Present Perfect Subjunctive to express subjectivity and to talk about hypothetical situations
Lección 4: Ejemplos de Presente Perfecto Subjuntivo para expresar subjetividad y para hablar sobre situaciones hipotéticas... 55

  EXAMPLES
  EJEMPLOS... 55

Lesson 5: Examples of Present Perfect Subjunctive to talk about conditions and possibilities
Lección 5: Ejemplos de Presente Perfecto Subjuntivo para hablar sobre condiciones y posibilidades... 58

  EXAMPLES
  EJEMPLOS... 58

Lesson 6: Examples of Present Perfect Subjunctive that refer to actions connected to the past, present, or future.
Lección 6: Ejemplos de Presente Subjuntivo para referirse a acciones conectadas al pasado, presente o futuro. 61

  EXAMPLES
  EJEMPLOS... 62

Present Perfect Subjunctive Activities
Actividades del Presente Subjuntivo 64

SECTION 5 – PAST/PRETERIT IMPERFECT SUBJUNCTIVE OR IMPERFECT SUBJUNCTIVE.
SECCIÓN 5 - PASADO IMPERFECTO DEL SUBJUNTIVO O IMPERFECTO DEL SUBJUNTIVO. 67

Lesson 7: Express subjectivity or actions in the past
Lección 7. Expresar subjetividad o acciones en el pasado 69

EXAMPLES
EJEMPLOS 69

Lesson 8: Past Imperfect Subjunctive to express conditionality or wishes.
Lección 8: Pasado Imperfecto subjuntivo para expresar condicionalidad o deseos. 72

EXAMPLES
EJEMPLOS 72

Past imperfect subjunctive activities
Actividades del pasado imperfecto subjuntivo 75

SECTION 6 – PAST/PRETERIT PERFECT SUBJUNCTIVE OR PAST PLUPERFECT SUBJUNCTIVE
SECCIÓN 6 – PASADO/PRETERITO PERFECTO DEL O PASADO PLUSCUAMPERFECTO DEL SUBJUNTIVO 77

Lesson 9: Expressing wishes, feelings and giving commands
Lección 9: Expresando deseos y sentimientos y dando órdenes 79

EXAMPLES
EJEMPLOS 79

Lesson 10: Expressing doubts, judgments, probability, and beliefs
Lección 10: Expresando dudas, juicios, probabilidades y creencias 82

EXAMPLES
EJEMPLOS 82

Lesson 11: Actions in the past
Lección 11: Acciones en el pasado 85

EXAMPLES / EJEMPLOS 85

PAST PERFECT SUBJUNCTIVE ACTIVITIES
ACTIVIDADES DEL PASADO PERFECTO SUBJUNTIVO 88

SECTION 7 - FUTURE SUBJUNCTIVE OR FUTURE IMPERFECT SUBJUNCTIVE
SECCIÓN 7 - FUTURO SUBJUNTIVO O FUTURO IMPERFECTO SUBJUNTIVO 90

Examples using Future Imperfect Subjunctive
Ejemplos usando el Futuro Imperfecto Subjuntivo 92

SECTION 8 - FUTURE PERFECT SUBJUNCTIVE
SECCIÓN 8 – FUTURO PERFECTO SUBJUNTIVO 94

    EXAMPLES
    EJEMPLOS 96

SECTION 9 - IMPERATIVE
SECCIÓN 9 - IMPERATIVO 97

    EXAMPLES
    EJEMPLOS 99

    Combination of the imperative and then subjunctive
    Combinación del Imperativo y el Subjuntivo 101

SECTION 10 – MORE ACTIVITIES
SECCIÓN 10 – MÁS ACTIVIDADES 104

SECTION 11 - SUBJUNCTIVE AND THE REGULAR AND IRREGULAR VERBS
SECCIÓN 11 - EL SUBJUNTIVO Y LOS VERBOS REGULARES E IRREGULARES 116

    Regular verb conjugations
    Conjugaciones de los verbos regulares 117

    Irregular verb Conjugations
    Conjugaciones de los verbos irregulares 133

ABOUT THE AUTHORS 155

SOBRE LOS AUTORES 156

CONCLUSION
CONCLUSIÓN 157

OTHER RESOURCES
OTROS RECURSOS 158

A NOTE TO THE READER
NOTA PARA EL LECTOR

Our goal is to help you sound normal when you speak with native speakers and becoming more comfortable with the subjunctive tense will help you get there.	Nuestro objetivo es ayudarte a sonar normal cuando hablas con hablantes nativos y sentirte más cómodo con el tiempo subjuntivo te ayudará a lograrlo.
We will define the grammar but being perfectly grammatically correct is not precisely our goal for you.	Definiremos la gramática, pero ser perfectamente gramaticalmente correcto no es precisamente nuestro objetivo para ti.
The subjunctive tense is very common in daily Spanish conversations.	El tiempo subjuntivo es muy común en las conversaciones diarias en español.
For example, although it's perfectly Ok to say, "I can go to the movies if I have ten dollars," It would be more common to say, "If I had $10, I could go to the movies."	Por ejemplo, aunque está perfectamente bien decir: "Puedo ir al cine si tengo diez dólares", sería más común decir: "Si tuviera $10, podría ir al cine".
Or, to take it one step further, consider, "If I had had $10, I could have gone to the movies with you."	O, para ir un paso más allá, considere: "Si hubiera tenido $10, podría haber ido al cine contigo".
How do we learn these differences as we are mastering a language?	¿Cómo aprendemos estas diferencias mientras dominamos un idioma?
For most people, the easiest path is through examples.	Para la mayoría de las personas, el camino más fácil es a través de ejemplos.
And that is what this book is intended to give you.	Y eso es lo que este libro pretende darle.

ACKNOWLEDGMENTS
AGRADECIMIENTOS

It's simple - this book would not exist had we not had the help of Ana Ugarte. Period.	Es simple, este libro no existiría si no contáramos con la ayuda de Ana Ugarte. Punto.
Thank you, Ana, for your hard work and dedication.	Gracias Ana, por tu arduo trabajo y dedicación.

FOREWORD
PREFACIO

By James Archer - Founder of The ShareLingo Project
Por James Archer - Fundador del Proyecto ShareLingo

Often in life, we find it easier to learn a new skill from someone else who is also learning, than from someone who is already an expert, because they show us how to do something, or give us examples, in a way that we can relate to.	A menudo en la vida, nos resulta más fácil aprender una nueva habilidad de alguien que también está aprendiendo, que de alguien que ya es un experto, porque nos muestra cómo hacer algo, o nos da ejemplos, de una manera con la que podemos relacionarnos.
This book that you have in your hands was created by James Roseborough, a ShareLingo student.	Este libro que tienes en tus manos fue creado por James Roseborough, estudiante de ShareLingo.
Here's what happened…	Esto es lo que pasó...
You can't speak a new language, or do anything in life, without practice. I created The ShareLingo Project to help English and Spanish speakers help each other. It's the perfect place, and community, to practice. To support that, we have both a WhatsApp group and a FaceBook group, and we do zoom meetings every Monday.	No puedes hablar un nuevo idioma, o hacer nada en la vida, sin practicar. Creé El Proyecto ShareLingo para ayudar a los hablantes de inglés y español a ayudarse mutuamente. Es el lugar y la comunidad perfectos para practicar. Para respaldar eso, tenemos un grupo de WhatsApp y un grupo de FaceBook, y hacemos reuniones de zoom todos los lunes.
It's common for the participants to ask questions, naturally. And it's common for them to help each other - that's the point of The ShareLingo Project in the first place.	Es común que los participantes hagan preguntas, naturalmente. Y es común que se ayuden unos a otros: ese es el objetivo del proyecto ShareLingo en primer lugar.
In a recent Zoom meeting, we were discussing the Spanish Subjunctive - a concept that can be difficult for English speakers to master.	En una reunión reciente de zoom, estuvimos discutiendo el subjuntivo en español, un concepto que puede ser difícil de dominar para los angloparlantes.

But James HAS mastered it and was offering a few examples for people in the zoom meeting.	Pero James HA dominado y estaba ofreciendo algunos ejemplos para las personas en la reunión de zoom.
The next day, Carol and Sabrina and a few other people had more questions.	Al día siguiente, Carol, Sabrina y algunas otras personas tenían más preguntas.
And James created and shared dozens more examples in order to help them.	Y James creó y compartió docenas de ejemplos más para ayudarlos.
The chat blew up. The other students made tons of comments thanking James and saying how much HIS examples made the concepts a lot clearer for them.	La charla explotó. Los otros estudiantes hicieron toneladas de comentarios agradeciendo a James y diciendo cuánto sus ejemplos aclararon mucho los conceptos para ellos.
And then he posted more examples. And more. And he answered more questions for people.	Y luego publicó más ejemplos. Y más. Y respondió más preguntas para la gente.
He really went way above and beyond what's common.	Realmente fue mucho más allá de lo que es común.
And that's when I asked him if he would be willing to share his help and his insights with a much broader community in the form of a printed ShareLingo book.	Y fue entonces cuando le pregunté si estaría dispuesto a compartir su ayuda y sus conocimientos con una comunidad mucho más amplia en forma de un libro ShareLingo impreso.
James agreed, and we are all grateful he did. I believe the examples in this book will make it vastly easier for you to master the Spanish Subjunctive also.	James estuvo de acuerdo, y todos estamos agradecidos de que lo haya hecho. Creo que los ejemplos de este libro también te facilitarán mucho el dominio del subjuntivo en español.
I hope you enjoy working with these examples as much as I have.	Espero que disfrutes trabajando con estos ejemplos tanto como yo.

IS THIS BOOK FOR NATIVE SPANISH SPEAKERS?
¿ES ESTE LIBRO PARA HABLANTES NATIVOS DEL ESPAÑOL?

YES! Absolutely. The subjunctive mood is used in many languages and is undoubtedly a mood that is used to understand and better express what we want to say.

Native Spanish speakers use it all the time, every day, all day long. However, when Latinos or Spanish speakers are learning English, they often find themselves in situations where they want to express their thoughts or feelings just as they would do it in Spanish, using what is normal, almost natural for them, the subjunctive mood.

For someone who is learning English, it is not always easy to use the subjunctive mood in an English conversation because the subjunctive mood in English is unknown, lacks a specific form and can be confused with other verb tenses.

It is important to learn how to express ourselves in English as we would in Spanish; in this way we add the essence of Spanish when we express ourselves.

More importantly, by understanding the different forms of the subjunctive mood and how they would be expressed in English, you will be able to have conversations and avoid awkward situations where you would not know how to express yourself.

¡SI! Absolutamente. El modo subjuntivo es usado en muchos idiomas y es sin duda un modo que se usa para entender y expresar mejor lo que se quiere decir.

Los hablantes nativos del Español lo usan todo el tiempo, cada día, todo el día. Sin embargo; cuando los Latinos o Españoles están aprendiendo Inglés, muchas veces se encuentran en situaciones dónde quieren expresar sus pensamientos o sentimiento tal y como lo harían en Español haciendo uso de lo que es normal, casi natural para ellos; el modo subjuntivo.

Para alguien que está aprendiendo Inglés, no siempre resulta sencillo usar el modo subjuntivo en una conversación en Inglés ya que el modo subjuntivo es desconocido, carece de una forma específica y puede confundirse con otros tiempos verbales.

Es importante aprender a expresarnos en Inglés tal y como lo haríamos en Español; de esta forma añadimos la esencia del español cuando nos expresamos.

Más importante aún, al entender las diferentes formas del modo subjuntivo y cómo se expresarían en Inglés, serás capaz de tener cualquier conversación y evitarás situaciones incómodas dónde no sabrías cómo expresarte.

WHAT THIS BOOK IS ABOUT
(AND WHAT IT'S NOT ABOUT)
DE QUÉ TRATA ESTE LIBRO (Y DE QUÉ NO TRATA)

This book can be used alone by an individual to improve understanding, but it is intended to be used by two people who are helping each other.

Este libro puede ser utilizado solo por una persona para mejorar la comprensión, pero está destinado a ser utilizado por dos personas que se ayudan mutuamente.

To be precise, it's intended to be used by an English speaker and a Spanish speaker who are helping each other using The ShareLingo Method.

Para ser precisos, está destinado a ser utilizado por un hablante de inglés y un hispanohablante que se ayudan mutuamente usando el Método ShareLingo.

It is NOT intended to be a traditional language instruction book, which we all know can be pretty ineffective anyway.

NO tiene la intención de ser un libro de instrucción de idioma tradicional, que todos sabemos que puede ser bastante ineficaz de todos modos.

YOU WILL LEARN GRAMMAR - but perhaps in a way you have not done before.

APRENDERÁS GRAMÁTICA, pero quizás de una manera que no lo hayas hecho antes.

Rather than trying to give you tons of GRAMMAR RULES to think about and follow, we want to help you learn correct and proper grammar through examples - the natural way - the way we learned as children.

En lugar de tratar de darte toneladas de REGLAS GRAMÁTICAS para pensar y seguir, queremos ayudarlo a aprender la gramática correcta y adecuada a través de ejemplos, la forma natural, la forma en que aprendimos cuando éramos niños.

Some of the tenses in this book are rarely used in Spanish, but more common in English. They are included in this book so that **English learners** have the same opportunity to advance their skills.

Algunos de los tiempos en este libro rara vez se usan en español, pero son más comunes en inglés. Se incluyen en este libro para que los estudiantes de inglés tengan la misma oportunidad de mejorar sus habilidades.

You will see that this book has Sections, Lessons, and Examples.	Verás que este libro tiene Secciones, Lecciones y Ejemplos.
We start with topic-specific Sections and then to help explain those topics we review a number of Lessons and present Examples that help explain the content covered through all the Sections.	Comenzamos con Secciones de temas específicos y luego, para ayudar a explicar esos temas, revisamos una serie de Lecciones y presentamos Ejemplos que ayudan a explicar el contenido cubierto en todas las Secciones.
For us, this was the best approach for mastering the Subjunctive and we hope that you will agree.	Para nosotros, este fue el mejor enfoque para dominar el Subjuntivo y esperamos que esté de acuerdo.
In this book, you will find references or explanations about the "Yo/Tu/Nosotros form". Notice that it is just a way to refer to the personal pronouns in a verb tense or mood. In Spanish, they are called first, second or third person of the singular (I/You/He/She) or first, second or third person of the plural (We/You/They).	En este libro encontrarás referencias o explicaciones sobre la "forma Yo/Tu/Nosotros". Tenga en cuenta que es solo una forma de referirse a los pronombres personales en un tiempo verbal o modo. En español se denominan primera, segunda o tercera persona del singular (Yo/Tú/Él/Ella) o primera, segunda o tercera persona del plural (Nosotros/Tú/Ellos).

Tips For Life   Consejos para la vida

Try not to become a man of success. Rather become a man of value.

Albert Einstein

Trata no de ser un hombre de éxito. Más bien conviértete en un hombre de valor.

Albert Einstein

INTRODUCTION
INTRODUCCIÓN

Hi, my name is James B. Roseborough, and I joined the ShareLingo family in 2021.

I joined ShareLingo because I saw it as a great way to improve my Spanish because it allowed me more interaction with people that are trying to improve their English, like me trying to improve my Spanish which puts us in a position to help each other.

In my journey to improve my Spanish the thing that has always helped me are examples. Learning grammar is important but examples have always been the easiest thing for me to follow, which made it easier to understand grammar rules later.

In other words, talk first and learn the why later. That's how we did It as kids. We learn to talk in our respective languages for the first four or five years of our lives, learning from the examples of the adults around us. After that, we started attending school and started learning the why.

My goal for this book is to help people learn subjunctives with examples that you can start using right now and that it will help you to have a foundation to make sentences of your own.

Hola, mi nombre es James B. Roseborough y me uní a ShareLingo en el 2021.

Me uní a ShareLingo porque lo vi como una excelente manera de mejorar mi español porque me permitió una mayor interacción con personas que están tratando de mejorar su inglés, al igual que yo estoy tratando de mejorar mi español, lo que nos permite ayudarnos mutuamente.

En mi viaje por mejorar mi español, lo que siempre me ha ayudado son los ejemplos. Aprender gramática es importante, pero para mí los ejemplos siempre han sido lo más fácil de seguir, lo que facilitó la comprensión de las reglas gramaticales más adelante.

En otras palabras, habla primero y aprende el por qué después. Así es como lo hicimos cuando éramos niños. Aprendemos a hablar en nuestros respectivos idiomas durante los primeros cuatro o cinco años de nuestra vida. Aprendiendo de los ejemplos de los adultos que nos rodean. Después de eso, empezamos a asistir a la escuela y empezamos a aprender el por qué.

Mi objetivo para este libro es ayudar a las personas a aprender subjuntivos con ejemplos que puedes comenzar a usar ahora mismo y que te ayudarán a tener una base para hacer tus propias oraciones.

Also, this book contains easy-to-follow explanations on how to form the subjunctive, so you won't have to spend a lot of your time studying conjugation tables or charts.	Además, este libro contiene explicaciones fáciles de seguir sobre cómo formar el subjuntivo, por lo que no tendrás que pasar mucho tiempo estudiando tablas o gráficos de conjugación.
I believe conjugation charts should be used as a reference guide and not as a study guide.	Creo que las tablas de conjugación deben usarse como una guía de referencia y no como una guía de estudio.
Don't get me wrong, I think grammar and the conjugation tables are important, but I have found that the examples work better for me.	No me malinterpretes, creo que la gramática y las tablas de conjugación son importantes, pero he descubierto que los ejemplos funcionan mejor para mí.
I understand that there are a group of students for whom grammar is crucial, and for some the conjugation tables are needed because they can find an easy pattern to follow.	Entiendo que hay un grupo de estudiantes para los que la gramática es crucial y para otros las tablas de conjugación son una necesidad porque pueden encontrar un patrón fácil de seguir.
No matter what type of student you are, you will find all the tools that you need: definitions, grammar, examples, conjugation tables and much more in this book.	No importa qué tipo de estudiante seas, encontrarás todas las herramientas que necesitas: definiciones, gramática, ejemplos, tablas de conjugación y mucho más.
I chose to write this book because I believe it can make the subjunctive much easier for people to learn without overthinking it.	Elegí escribir este libro porque creo que puede hacer que el subjuntivo sea mucho más fácil de aprender para las personas sin pensar demasiado.
I also wrote it because of positive encouragement to do so from James Archer and Ana J. Ugarte.	También lo escribí debido al estímulo positivo de James Archer y Ana J. Ugarte para hacerlo.
I hope you enjoy this book, and that it will help you on your journey to master the subjunctive.	Espero que disfrutes este libro y te ayudará en tu viaje para dominar el subjuntivo.
James B. Roseborough, III.	**James B Roseborough, III.**

SECTION 1 - THE SHARELINGO METHOD
SECCIÓN 1 - EL MÉTODO SHARELINGO

The ShareLingo model is based on one simple idea. Two PEOPLE (not apps or computers) strive to help each other improve their English or Spanish and gain confidence speaking.

In this sense, while working in pairs, each person has the time to read in their native language (their "comfort zone"), while the other listens from their area of discomfort and prepares to read, following what they have just heard.

Next, the roles are reversed. This change, which occurs repeatedly in each session, allows the brain to alternate often while producing and recreating information.

In the traditional model, students never take the role of teacher and vice versa, so the student plays a passive role throughout the entire class time. This has a direct negative effect on attention, and thus in the retention of information and the ability to internalize it and apply it in other contexts.

The factors above lead to the development of "empowerment." While working with the other person as "teacher," the participant is validating their knowledge and is being recognized by the other.

El modelo ShareLingo se basa en una idea simple. Dos PERSONAS (no aplicaciones ni computadoras) se esfuerzan por ayudarse mutuamente a mejorar su inglés o español y ganar confianza al hablar.

En este sentido, mientras se trabaja en parejas, cada uno tiene el tiempo de leer en su lengua materna (su "zona de confort"), mientras que el otro escucha desde su zona de incomodidad y se prepara para leer siguiendo lo que acaba de escuchar.

A continuación, se invierten los papeles. Este cambio, que ocurre repetidamente en cada sesión, permite que el cerebro alterne a menudo mientras produce y recrea información.

En el modelo tradicional, los alumnos nunca asumen el papel de profesor y viceversa, por lo que el alumno juega un papel pasivo durante todo el tiempo de clase. Esto tiene un efecto negativo directo sobre la atención y, por tanto, sobre la retención de información y la capacidad de interiorizarla y aplicarla en otros contextos.

Los factores anteriores conducen al desarrollo del "empoderamiento". Mientras trabaja con el otro como "maestro", el participante va validando sus conocimientos y va siendo reconocido por el otro.

SHARELINGO METHOD STEPS
PASOS DEL MÉTODO SHARELINGO

1. **LISTEN**
   - Each person reads a short segment of text in their Native language so their partner can LISTEN to them.

2. **READ and PRONOUNCE**
   - Each person then reads the same text in their target language and their partner helps them master the pronunciation.

3. **UNDERSTAND and TRANSLATE**
   - Each person covers each side of the page and tries to translate what they have just read to/from their target language.

4. **CONVERSATION HAPPENS**
   The pair take turns asking and answering short questions about the topic they just read about.

REPEAT the above steps for the remaining portions of the lesson.

NOTE: The steps above are included only as a guide.

---

1. **ESCUCHA**
   - Cada persona lee un breve segmento de texto en su lengua materna para que su pareja pueda ESCUCHAR.

2. **LEE Y PRONUNCIA**
   - El hablante del idioma inglés lee lo mismo en español. El hablante de idioma español ayuda con pronunciación.

3. **ENTIENDE Y TRADUCE**
   - **Cada persona cubre cada lado de la página e intenta traducir lo que acaba de leer a/de su idioma de destino.**

4. **INICIA LA CONVERSACIÓN**
   - **La pareja se turna para hacer y responder preguntas breves sobre el tema que acaban de leer.**

REPITE los pasos anteriores para las partes restantes de la lección.

NOTA: Los pasos anteriores se incluyen solo como una guía.

ShareLingo has an entire course, and community of English and Spanish speakers, where we explain exactly how English and Spanish speakers can effectively practice together and make the most out of every practice session. The ShareLingo Method is just one part of this comprehensive course.

It's called The Spanish Success Path Course and Community.

For more information, visit the link below to watch a video, where we explain how the ShareLingo Method works.

https://www.isharelingo.com/ShareLingoMethod-SB

ShareLingo tiene un curso completo y una comunidad de hablantes de inglés y español, donde explicamos exactamente cómo los hablantes de inglés y español pueden practicar juntos de manera efectiva y aprovechar al máximo cada sesión de práctica. El Método ShareLingo es solo una parte de este curso completo.

Se llama Camino al Éxito del Inglés y Comunidad.

Para obtener más información, visita el siguiente enlace para ver un video, le explicaremos cómo funciona el Método ShareLingo.

https://www.isharelingo.com/MetodoShareLingo-SB

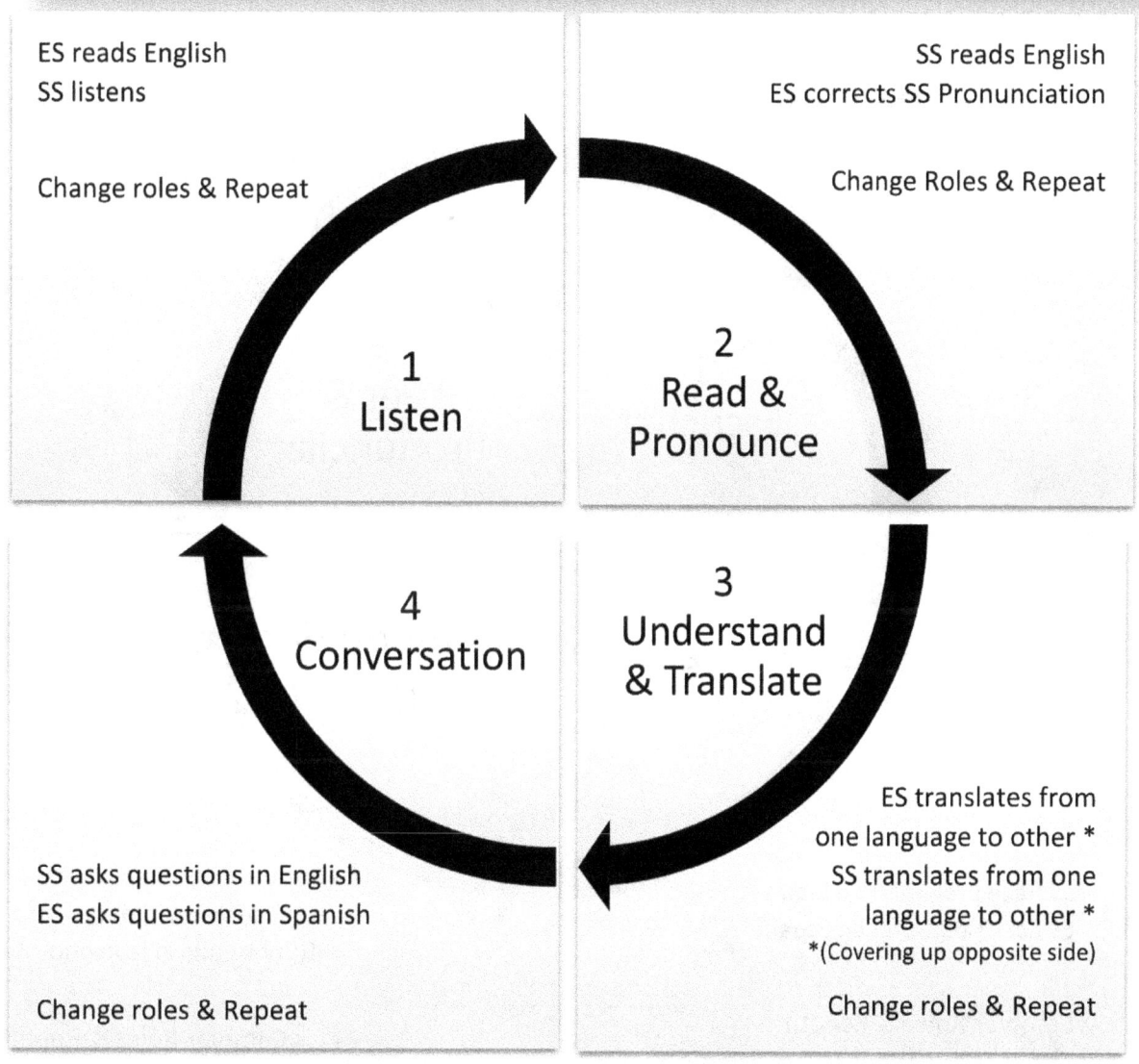

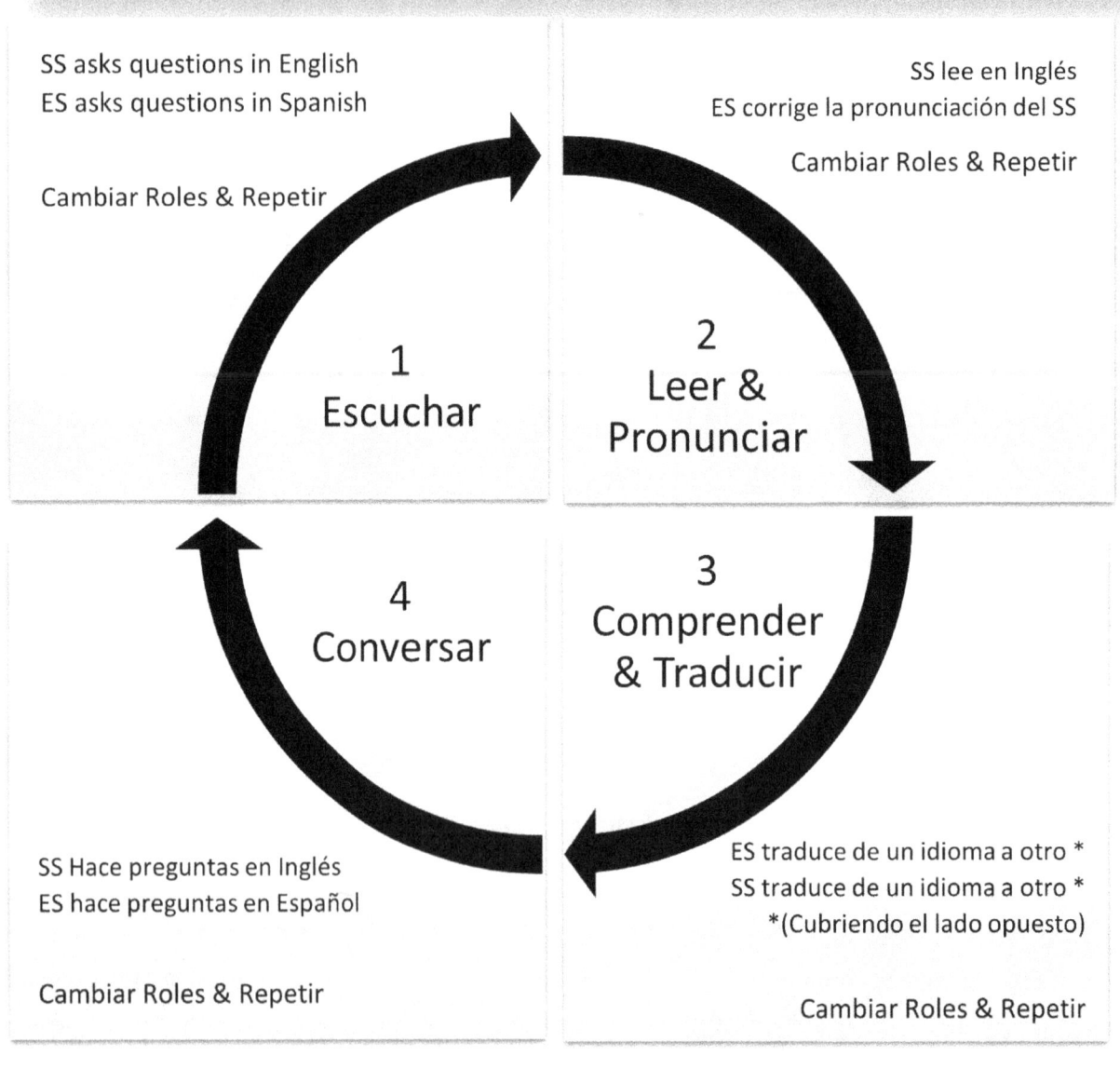

SECTION 2 – THE SUBJUNCTIVE
SECCIÓN 2 – THE SUBJUNTIVO

The subjunctive is a grammatical mood and although it is commonly referred to as the subjunctive tense, it is more accurately considered as a mood.	El subjuntivo es un modo gramatical y aunque comúnmente se le conoce como tiempo subjuntivo, no se refiere a un tiempo verbal y se considera con mayor precisión como un estado de ánimo.
It is important to clarify that a grammatical mood describes the degree of reality, the intention or will of the speaker when expressing himself/herself.	Es importante aclarar que un modo gramatical describe el grado de realidad o la intención o voluntad del hablante al expresarse.
The verb tense is the grammatical category that locates an action or a state in time. This time can be present, past, or future.	El tiempo verbal es la categoría gramatical que ubica una acción o un estado en el tiempo. Este tiempo puede ser presente, pasado o futuro.
Mood should not be confused with time. Some moods are conditional, imperative, indicative, negative, optative, potential, and subjunctive.	El modo no debe confundirse con el tiempo. Algunos modos son: condicional, imperativo, indicativo, negativo, optativo, potencial y subjuntivo.
The moods express the intention of the speaker (it could be affirmative or negative) when communicating an action, and the subjunctive mood is used to express hypothetical, uncertain statements, wishes, probabilities or possibilities, whether they are imaginary and abstract (imprecise or indeterminate), or have become reality.	El modo expresa la intención del hablante (puede ser afirmativa o negativa) al comunicar una acción y el modo subjuntivo sirve para expresar afirmaciones hipotéticas, inciertas, deseos, las probabilidades o posibilidades, ya sean imaginarias y abstractas (imprecisas o indeterminadas), o bien se hayan convertido en realidad.
The subjunctive mood, like the indicative, is conjugated according to two types of tenses: simple tenses and compound tenses.	El modo subjuntivo, al igual que el indicativo, se conjuga de acuerdo con dos tipos de tiempos verbales: los tiempos simples y los tiempos compuestos.
The easy way to think about this is, Compound tenses use the auxiliary verb "have".	La manera fácil de pensar en esto es que Los tiempos compuestos hacen uso del verbo auxiliar "haber".

Haber is the Spanish verb that means 'to be' or 'to have', depending on the context. It's a special verb that is used in compound tenses as an auxiliary. This verb comes before the main verb in the sentence and is used to set the main verb in the tense or mood properly.	Haber es el verbo español que significa 'ser' o 'tener', según el contexto. Es un verbo especial que se usa en tiempos compuestos como auxiliar. Este verbo viene antes del verbo principal en la oración y se usa para establecer el verbo principal en la propiedad de tiempo o modo.
Haber can be used as an impersonal verb which means that it doesn't need a pronoun (I, you, he, she, we, they, and who). When used in this way, it means 'to be' or 'to exist' and we only use its third person singular form.	Haber se puede usar como un verbo impersonal, lo que significa que no necesita un pronombre (yo, tú, él, ella, nosotros, ellos y quién). Cuando se usa de esta manera, significa 'ser' o 'existir' y solo usamos su forma de tercera persona singular.
In Spanish, regular participles are formed by adding -ado or -ido to the verb stem (-ado to AR verbs, and -ido to the rest), we'll tell you more about this in the coming sections.	En español, los participios regulares se forman agregando -ado o -ido a la raíz del verbo (-ado a los verbos AR y -ido al resto), te contaremos más sobre esto en las próximas secciones.
Haber can also be used as a conditional to talk about hypotheses or possibilities.	Haber puede usarse también como condicional para hablar de hipótesis o posibilidades.
When we use have as an auxiliary verb (to have), we can conjugate it with all the pronouns, but it can never be used on its own. We need the structure: have + participle.	Cuando usamos haber como verbo auxiliar, podemos conjugarlo con todos los pronombres, pero nunca puede usarse solo. Necesitamos la estructura: haber + participio.
As an auxiliary verb, have in the subjunctive present is used to form: • The "subjunctive present perfect mood in its form "haya". • To form the subjunctive past perfect mood in its form "hubiera". • To form the subjunctive future perfect mood in its form "hubiere".	Como verbo auxiliar, haber en presente de subjuntivo se usa para formar: • El modo presente perfecto de subjuntivo en su forma "haya". • Formar el modo pretérito perfecto de subjuntivo en su forma "hubiera". • Para formar el modo futuro perfecto de subjuntivo en su forma "hubiere".
It is important to mention that there are negative and affirmative forms to the types of moods.	Es importante mencionar que existen formas negativas y afirmativas a los tipos de estados de ánimo.

Moods are:	Los modos son:
1. **Present**. Used to refer to actions or desires that haven't yet occurred, may occur, or have not yet finished occurring.	1. **Presente.** Se usa para referirse a acciones o deseos que no han ocurrido aún, pueden ocurrir o aún no han terminado de ocurrir.
2. **Past/Preterit imperfect**. Used to express unfinished past or future actions, of an assumed or unreal type, which are also limited by the temporal context.	2. **Pasado/Pretérito imperfecto.** Empleado para expresar acciones pasadas o futuras no terminadas, de tipo supuesto o irreal, y que además están limitadas por el contexto temporal.
3. **Present Perfect**. It is a compound tense conjugated in the present of the subjunctive, and then the main verb in the participle (-ado, -ido). It is used to express subjectively regarding actions that just happened in time	3. **Presente perfecto.** Es un tiempo compuesto conjugado en presente del subjuntivo, y luego el verbo principal en participio (-ado, -ido). Se usa para expresarse subjetivamente respecto de acciones que recién acontecieron en el tiempo
4. **Past/Preterit Perfect or Past Pluperfect**. It is a compound tense, and it is used to talk about unreal or hypothetical situations that have already happened and that are far from the present of the speaker.	4. **Pasado/Pretérito Perfecto o Pasado pluscuamperfecto.** Es un tiempo compuesto y se emplea para hablar de situaciones irreales o hipotéticas que ya han sucedido y que están lejos del presente de quien habla
5. **Future**. Used to express hypothetical situations or actions that have not yet occurred and that are conditioned.	5. **Futuro.** Empleado para expresar situaciones o acciones hipotéticas que aún no acontecen y que están condicionadas.
6. **Future perfect**. It is a compound form of the simple future tense, of generally conditional or concessive use, very infrequent. It is used to talk about possible future situations that imply some kind of consequence or relationship.	6. **Futuro perfecto.** Es una forma compuesta del tiempo futuro simple, de uso generalmente condicional o concesivo, muy poco frecuente. Se usa para hablar de situaciones futuras posibles que implican algún tipo de consecuencia o relación.

When to use the subjunctive
Cuando usar el subjuntivo

This book contains a section for each mood of the subjunctive where we list each use. In general, we mention some uses such as:
- To express wishes, orders, possibility, opinions, ambiguity and to describe situations that have not yet occurred.
- After certain words that indicate wishes, hopes, doubts or feelings.
- After speech and thought verbs in their negative forms
- After the expressions when, while, until, as soon as.
- If the action has not yet taken place.
- To describe an unspecified person or thing.
- As an imperative for the third person in singular or plural in affirmative form.
- As an imperative for the third person singular/plural in the negative form.

> Remember, the imperative is the verb tense used to express an order, a request, give instructions, and even to advise someone. In this book, we have a section to learn more about this verb tense and how it is related to the subjunctive mood.

Este libro contiene una sección para cada modo del subjuntivo dónde listamos cada uso. De forma general, mencionamos algunos usos tales como:
- Para expresar deseos, órdenes, posibilidad, opiniones, ambigüedad y para describir situaciones que no han ocurrido todavía
- Después de ciertas palabras que indican deseos, esperanzas, dudas o sentimientos
- Después de verbos de habla y pensamiento en sus formas negativas
- Después de las expresiones, cuando, mientras, hasta que, tan pronto como.
- Si la acción aún no ha tenido lugar.
- Para describir una persona o cosa no especificada.
- Como imperativo para la tercera persona del singular o plural en forma afirmativa.
- Como imperativo para la tercera persona singular/plural en forma negativa.

> Recuerda, el imperativo es el tiempo verbal que se usa para expresar una orden, un pedido, dar instrucciones e incluso para aconsejar a alguien.
> En este libro, tenemos una sección para saber más sobre este tiempo verbal y cómo se relaciona con el modo subjuntivo.

The subjunctive is used in a noun clause when the verb of the main clause expresses a WISH, either real or implied.	El subjuntivo se usa en una cláusula nominal cuando el verbo de la cláusula principal expresa un DESEO, ya sea real o implícito.
A noun clause is a dependent clause used as the object of the sentence. Examples are advice, command, desire, hope, permission, preference, and request.	Una cláusula nominal es una cláusula dependiente utilizada como objeto de la oración. Algunos ejemplos son consejo, orden, deseo, esperanza, permiso, preferencia y solicitud.
The subjunctive is also used in a noun clause when the verb of the main clause expresses an emotion. Examples are fear, joy, sorrow, regret, and surprise.	El subjuntivo también se usa en una cláusula nominal cuando el verbo de la cláusula principal expresa una emoción. Algunos ejemplos son el miedo, la alegría, la tristeza, el arrepentimiento y la sorpresa.
The subjunctive is used in a noun clause when the verb of the main clause expresses doubt, disbelief, and denial. Examples of verbs are, believe, doubt, and deny.	El subjuntivo se usa en una cláusula nominal cuando el verbo de la cláusula principal expresa duda, incredulidad y negación. Ejemplos de verbos son creer, dudar y negar.
The subjunctive is used in a noun clause when the verb of the main clause expresses an impersonal expression unless that indicates uncertainty. For example, It is probably that they go.	El subjuntivo se usa en una cláusula nominal cuando el verbo de la cláusula principal expresa una expresión impersonal a menos que eso indique incertidumbre. Por ejemplo, es probable que se vayan.
The subjunctive is used in adverb clauses if uncertainty, doubt, anticipation, or indefiniteness is expressed or implied.	El subjuntivo se usa en cláusulas adverbiales si se expresa o implica incertidumbre, duda, anticipación o indefinición.
An adverb clause is a dependent clause used with an adverb and answers the questions of when, where, how, and why.	Una cláusula de adverbio es una cláusula dependiente que se usa con un adverbio y responde a las preguntas de cuándo, dónde, cómo y por qué.

Indefinite adverb clauses can be wherever, whatever, whoever, whenever, however, no matter how.	Las cláusulas de adverbios indefinidos pueden ser donde sea, lo que sea, quien sea, cuando sea, sin embargo, sin importar cómo.
The subjunctive is used in an adjective clause if the noun or pronoun of the main clause is indefinite or negative.	El subjuntivo se usa en una cláusula adjetiva si el sustantivo o pronombre de la cláusula principal es indefinido o negativo.
An adjective clause is a dependent clause used as an adjective, one that is modifying a noun or pronoun.	Una cláusula adjetiva es una cláusula dependiente utilizada como adjetivo, que modifica un sustantivo o pronombre.

Subjunctive trigger words
Desencadenadores o Activadores del Subjuntivo

Subjunctive triggers are words that force the verb in a sentence to be used in its subjunctive form. Sometimes, these triggers already contain the subjunctive verb within them.	Los activadores de subjuntivo son palabras que obligan al verbo en una oración a usarse en su forma subjuntiva. A veces, estos activadores ya contienen el verbo subjuntivo dentro de ellos.
In Spanish, the subjunctive triggers and the resulting subjunctive mood often occur in subordinate clauses that begin with QUE.	En español, los desencadenantes del subjuntivo y el modo subjuntivo resultante a menudo ocurren en oraciones subordinadas que comienzan con QUE.
<ul><li>I want that</li><li>Hopefully</li><li>To avoid that</li><li>To need that</li><li>Unless</li></ul>	<ul><li>Quiero que</li><li>Ojalá</li><li>Evitar que</li><li>Necesitar que</li><li>A menos que</li></ul>

- Before
- After
- In order to, for
- Maybe
- It's better that
- To prefer that
- To be (very) sorry that
- It bothers me that
- It's funny that
- To be pleased that
- To insist on
- To doubt that
- Require that
- When
- Until
- Meanwhile/while
- Without
- So that
- To be
    - Estar. The verb "to be" in Spanish translates as both ESTAR and SER. Each one has different subjunctive triggers depending on the words that follow it. In the case of ESTAR, you should use the subjunctive when it's followed by:
        - Interesting that
        - Happy that
        - Annoyed that

- Antes de que
- Después de que
- Para que
- Tal vez, quizás
- Más vale que
- Preferir que
- Siento (mucho) que
- Me molesta que
- Es divertido/gracioso que
- Alegrarse de que
- Insistir en que
- Dudar que
- Exijo/requiero que
- Cuando
- hasta que
- mientras que
- Sin que
- Para que
- Ser o Estar
    - Estar. El verbo "to be" en español se traduce como estar y ser. Cada uno tiene diferentes disparadores de subjuntivo dependiendo de las palabras que le siguen. En el caso de estar, se debe usar el subjuntivo cuando va seguido de:
        - Interesa que
        - contento de que
        - molesto de que

- Sad that - In favor of - Against that	- triste de que - a favor de que - en contra de que
o Ser. We use ser in impersonal expressions that follow the formula **es + adjective + que**. The adjectives that trigger the subjunctive with this formula include:	o Es. Usamos SER en expresiones impersonales que siguen la estructura siguiente: **es + adjetivo + que**. Los adjetivos que desencadenan el subjuntivo pueden ser:
- Absurd - Good - Strange - Hard - Necessary - Doubtful - Easy - Important - Incredible - Interesting - Fair - Better if - Natural - Possible - Ridiculous	- Absurdo - Bueno - Raro - Difícil - Necesario - Dudoso - Fácil - Importante - Increíble - Interesante - Justo - Mejor - Natural - Posible - Ridículo
Below we list more subjunctive triggers, not so that you memorize them but so that you have them as a guide in your learning so you can recognize them easily.	A continuación, listamos más desencadenadores del subjuntivo, no para que los memorices sino para que los tengas como guía en tu aprendizaje y puedas reconocerlos fácilmente.

Remember, our goal is for you to learn through examples, so we recommend that you take a look at them and continue with the next section.

- Advise that
- Be glad that
- Appear that
- Search that
- Tell (someone) that
- Let
- Wish that
- Hate that
- It is a pity that
- It is good that
- It is convenient that
- It is difficult for
- It is doubtful that
- It is strange that
- It is time that
- It is impossible
- It is unlikely that
- It is useless that
- It is fair that
- It is worse than
- It is necessary that
- It is preferable that
- It is likely that
- It is sad that
- It is useful that
- Expect that

Recuerda, nuestro objetivo es que aprendas a través de ejemplos por lo que te recomendamos que les eches un vistazo y continues con la siguiente sección.

- Aconsejar que
- Alegrarse de que
- Aparecer que
- Buscar que
- Decir (a alguien) que
- Dejar que
- Desear que
- Detestar que
- Es (una) lástima que
- Es bueno que
- Es conveniente que
- Es difícil que
- Es dudoso que
- Es extraño que
- Es hora que
- Es imposible que
- Es improbable que
- Es inútil que
- Es justo que
- Es peor que
- Es preciso que
- Es preferible que
- Es probable que
- Es triste que
- Es útil que
- Esperar que

- Wonder that	- Extrañarse que
- Like that	- Gustarse que
- Do what	- Hacer que
- Prevent	- Impedir que
- Insist that	- Insistir en que
- Invite that	- Invitar que
- Send what	- Mandar que
- Better than	- Mejor que
- Deny that	- Negar que
- It is not true that	- No es cierto que
- It is not clear that	- No es claro que
- It is not evident that	- No es evidente que
- It is not obvious that	- No es obvio que
- It is not that	- No es que
- It is not certain that	- No es seguro que
- It is not true that	- No es verdad que
- Not being sure that	- No estar seguro de que
- Ask (someone) to	- Pedir (a alguien) que
- Allow to	- Permitir que
- Prohibit that	- Prohibir que
- Propose what	- Proponer que
- Recommend that	- Recomendar que
- To beg that	- Rogar que
- Feel that	- Sentir que
- Being surprised that	- Sorprenderse que
- Suggest that	- Sugerir que
- Be afraid of	- Temer que

SECTION 3 - PRESENT SUBJUNCTIVE
SECCIÓN 3- PRESENTE DEL SUBJUNTIVO

We use the present subjunctive for the scenarios below.
 	
- To express emotions and feelings
    - I like that you are kind
    - I love that you come to visit me
- To express purpose
    - She works so that her children can study
    - The money is for you to buy food
- As a negative form of the imperative
    - Do not run
    - Do not come late
- The present subjunctive is used to refer to a future action as well as a present action and it is always identical to the infinitive in English.
    - I hope you are fine.
    - I doubt that he will buy it.
 	
Both of the above examples are in the present subjunctive, the first is used to talk about a present action and the second to express a future action.
 	
The perfect subjunctive is formed by the present subjunctive of have and then followed by a past participle.
 	
For most verbs, the present subjunctive is formed by following these three steps:
	Usamos el presente de subjuntivo para los escenarios siguientes.
	
	- Para expresar emociones y sentimientos.
	    - Me gusta que seas amable
	    - Me encanta que vengas a visitarme
	- Para expresar propósito
	    - Ella trabaja para que sus hijos estudien
	    - El dinero es para que compres comida
	- Como forma negativa del imperativo
	    - No corras
	    - No vengas tarde
	- El presente de subjuntivo se usa para referirse tanto a una acción futura como a una acción presente y siempre es idéntico al infinitivo en inglés.
	    - Espero que estés bien
	    - Dudo que él lo compre
	
	Los dos ejemplos anteriores están en presente de subjuntivo, el primero se usa para hablar de una acción presente y el segundo para expresar una acción futura.
	
	El subjuntivo perfecto está formado por el presente de subjuntivo de haber y luego seguido por un participio pasado.
	
	Para la mayoría de los verbos, el presente de subjuntivo se forma siguiendo estos tres pasos:

1. Start with the yo form of the present indicative.
2. Then drop the -o ending.
    • In the present tense there is no "S" on the third person singular.
3. Finally, add the following endings:
 	
    • -ar verbs: -e, -es, -e, -emos, -éis, en
    • -er and -ir verbs: -a, -as, -a, -amos, -áis, -an
	1. Comience con la forma yo del presente de indicativo.
	2. Luego suelte la terminación -o.
	    • En el tiempo presente no hay "S" en la tercera persona del singular.
	3. Por último, agregue las siguientes terminaciones:
	
	    • -ar verbos: -e, -es, -e, -emos, -éis, en
	    • Verbos -er e -ir: -a, -as, -a, -amos, -áis, -an

EXAMPLES / EJEMPLOS

1. They want us to do it. (Do)	1. Quieren que lo hagamos. (Hacer).
2. What do you want me to do? (Do)	2. ¿Qué quieres que haga? (Hacer)
3. We can do it however you want to do it. (Want)	3. Podemos hacerlo como tú quieras hacerlo. (Querer)
4. My son Brice wants me to buy him a new jacket. (Want, Buy)	4. Mi hijo Brice quiere que le compre una chaqueta nueva. (Quiere, Comprar)
5. They want us to give them another day to finish. (Give)	5. Quieren que les demos otro día para terminar. (Dar)
6. His parents prefer that he studies more instead of getting a job. (Study)	6. Sus padres prefieren que estudie más en lugar de conseguir un trabajo. (Estudiar)

7. I hate that they make decisions without me. (Make)

> Notice that in Spanish "make decisions" literally means "hacer decisiones" however, it is not correct to say that; this is why in the translation it's written as "tomar decisiones", which is correct.

8. We insist that you stay for dinner. (Stay)

9. Let them say what they will say. (Say)

10. Rest. (Rest)

> In Spanish is very common to use the exclamatory pronoun QUE at the beginning of short sentences, so you will probably hear "Que descanses" more often than "Descansa."

11. Sleep well. (Sleep)

12. Will you let me help you? (Help)

13. They want us to pay for it today. (Pay)

14. Don't be an idiot. (To be)

15. Don't be nervous. (To be)

16. I sent them a message so that they know the party is Saturday. (Know)

7. Odio que tomen decisiones sin mí. (Tomar)

> Ten en cuenta que en Inglés "tomar decisiones" significa literalmente "take decisions", sin embargo, no es correcto decir eso; por lo que en la traducción está escrito "make decisions", lo cual es correcto.

8. Insistimos en que te quedes a cenar. (Quedarse)

9. Que digan lo que digan. (Decir)

10. Que descanses / Descansa (Descansar)

> En español es muy común usar el pronombre exclamativo QUE, al comienzo de oraciones cortas, por lo que probablemente escucharás "Que descanses" más a menudo que "Descansa".

11. Que duermas bien / Duerme bien (Dormir)

12. ¿Me dejas que te ayude? (Ayudar)

13. Quieren que lo paguemos hoy. (Pagar)

14. No seas idiota. (Ser).

15. No estés nervioso. (Estar)

16. Les mandé un mensaje para que sepan que la fiesta es el sábado (Saber)

17. As long as you study every day your English will improve. (Study)	17. Mientras estudies todos los días tu inglés mejorará. (Estudiar)
18. This is the plan unless they decide to do something else. (Unless, Decide)	18. Este es el plan a menos que decidan otra cosa. (A menos que, Decidir)
19. We're looking for a person that is available on the weekends. (To be)	19. Estamos buscando una persona que esté disponible los fines de semana. (Estar)
20. Even if he wanted to, he couldn't go. (Want)	20. Incluso si él quisiera, no podría ir. (Querer)
21. It's good that you are here. (To be)	21. Es bueno que estés aquí. (Estar)
22. It's better that you know the truth. (Know)	22. Es mejor que sepas la verdad. (Saber)
23. I don't like that you are the captain of this team. (To be)	23. No me gusta que seas el capitán de este equipo. (Ser).
24. I don't care what you think. (Think)	24. No importa lo que pienses. (Pensar).
25. It doesn't matter what you believe. (Believe)	25. No importa lo que creas. (Creer).
26. Have a good time. (Have)	26. Que la pases bien. (Pasar)

Notice that literal translations are not always right. In this example, the literal translation is: "Ten un buen tiempo" which is incorrect. Our goal is to sound natural when we speak Spanish. You'll find that some phrases in English are not always "the same" in Spanish.

Note que las traducciones literales no siempre son correctas. En este ejemplo, la traducción literal es: "Ten un buen tiempo", la cual es incorrecta. Nuestro objetivo es sonar natural al hablar Inglés. Encontrarás que las frases en inglés no siempre son "las mismas" en Español.

Lesson 1. Present subjunctive referring to things or actions in the future.
Lección 1. Presente subjuntivo refiriéndose a cosas o acciones en el futuro

In this lesson we are going to talk about the present subjunctive referring actions in the future.

In a few examples we will give two translations in Spanish for each sentence in English.

Both translations are correct but the more common translation by native Spanish speakers will be option A of each example.

Examples:

- The next time I see you, I'll have one for you.

Option "A" uses the structure "ir a" or more specifically in this case "voy a" which is the more common way that native Spanish speakers would say this.

Option "B" is still good to know so that you understand it if you hear it even though you might not use it.

- The next time we go out to eat, I'll pay.

En esta lección vamos a hablar del presente subjuntivo refiriéndose a acciones en el futuro.

En algunos ejemplos daremos dos traducciones en español para cada oración en inglés.

Ambas traducciones son correctas, la traducción más común por parte de hablantes nativos de español será la opción A de cada ejemplo.

Ejemplos:

A. La próxima vez que te vea, VOY A tener uno para ti. (ver)
B. La próxima vez que te vea, TENDRÉ uno para ti.

La opción "A" usa la estructura "ir a" o más específicamente en este caso "voy a", que es la forma más común en que los hablantes nativos de español dirían esto.

Todavía es bueno saber la opción "B" para que la entiendas si la escuchas, aunque no la uses.

A. La próxima vez que salgamos a comer, voy a pagar. (salir).
B. La próxima vez que salgamos a comer, pagaré

- The next car we buy is going to be a Tesla.

A. El próximo carro que compremos va a ser un Tesla. (comprar)
B. El próximo carro que compremos será un Tesla.

- When we go to New York City we will visit Times Square

A. Cuando vayamos a la ciudad de Nueva York vamos a visitar Times Square. (Ir)
B. Cuando vayamos a la ciudad de Nueva York visitaremos Times Square.

Tips For Life

Life is really simple, but we insist on making it complicated.

Confucius

Consejos para la vida

La vida es realmente sencilla, pero insistimos en hacerla complicada.

Confucio.

EXAMPLES / EJEMPLOS

1. I hope you get better soon. (Get better)

2. I'm going to keep doing this until they tell me something different. (Tell)

3. Let's be ready for whatever comes. (To be)

4. Hopefully, we'll see each other tomorrow evening. (See)

5. I don't think I'm going to the concert next week. (Go)

6. The boss needs us to finish the project by next month. (Finish)

7. I hope we'll be able to go out tomorrow night. (Able)

8. I hope it's not very hot tomorrow. (To be)

9. Unless something unexpected happens, I'll see them at 6. (Happen)

10. The pool will be open until 7 unless it rains. (Open)

11. As far as I know we don't have to work this weekend. (Know)

12. My wife wants me to buy a minivan. (Buy)

---

1. Espero que te mejores pronto. (Mejorar)

2. Voy a seguir haciendo esto hasta que me digan algo diferente. (Decir)

3. Estemos listos para lo que venga. (Estar)

4. Ojalá nos veamos mañana por la noche. (Ver)

5. No creo que vaya al concierto la próxima semana. (Ir)

6. El jefe necesita que terminemos el proyecto (para) el próximo mes. (Terminar).

7. Ojalá que podamos salir mañana por la noche. (Poder)

8. Espero que mañana no haga mucho calor. (Hacer)

9. Salvo que ocurra algo inesperado, los veo a las 6. (Ocurrir)

10. La piscina estará abierta hasta las 7:00 a no ser que llueva. (Abrir)

11. Que yo sepa, no tenemos que trabajar este fin de semana. (Saber)

12. Mi esposa quiere que compre un miniván. (Comprar)

13. Let's be prepared for whatever happens. (To be, Happens)

> This example has two subjunctives.

14. I hope it goes well. (Go)

15. You can go as long as you request the vacation time at least a week in advance. (Request).

16. I want you to be the first guest on my podcast. (To be)

17. We can leave when you're ready. (To be)

18. What are you going to do when you get off work? (Go)

> The word "cuando" triggers the subjunctive when talking about future actions.

19. We need to be ready in case dad leaves early. (Leave)

20. Don't leave until I get back. (Get Back)

21. I need you to be here at 9. (To be)

22. I need you to give me a dollar please. (Give)

23. I need you to leave. (Leave)

24. I need you to know. (Know)

25. I need you to be stronger. (To be)

13. Estemos preparados para lo que pase. (Estar) (pasar)

> Este ejemplo tiene dos subjuntivos

14. Espero que vaya bien. (Ir).

15. Puedes ir siempre y cuando solicites el tiempo de vacaciones con al menos una semana por adelantado. (Solicitar)

16. Quiero que seas la primera invitada en mi podcast. (Ser)

17. Podemos irnos cuando estés listo. (Estar).

18. ¿Qué vas a hacer cuando salgas del trabajo? (Salir)

> La palabra "cuando" desencadena el subjuntivo cuando se habla de acciones futuras.

19. Tenemos que estar listos en caso de que papá se vaya temprano. (Ir)

20. No te vayas hasta que yo regrese. (Regresar)

21. Necesito que estés aquí a las 9. (Estar)

22. Necesito que me des un dólar por favor. (Dar)

23. Necesito que te vayas. (Ir)

24. Necesito que sepas. (Saber)

25. Necesito que seas más fuerte (Ser)

Lesson 2: Present subjunctive to give recommendations or express a desire or a demand
Lección 2: Presente subjuntivo para dar recomendaciones o para expresar un deseo o una petición.

- The present subjunctive is used, in formal English, in a formal recommendation, in a resolve or in subordinate sentences that express thought, belief, expectation or assumption, a desire or a demand.
    - I want you to meet my coworker Yoel.

C. The present subjunctive is used after phrases like "It is important that," "I insist that," or "It is necessary that".
    - It's necessary that you listen to native speakers.

D. El presente de subjuntivo se usa, en inglés formal, en una recomendación formal, una resolución o en oraciones subordinadas que expresan pensamiento, creencia, expectativa o suposición, un deseo o una demanda.
    - I want you to meet my coworker Yoel.

- El presente de subjuntivo se usa después de frases como "Es importante que", "Insisto en que" o "Es necesario que".
    - It's necessary that you listen to native speakers.

Tips For Life

You'll never know if you can fly unless you take the risk of falling.

Dick Grayson (Nightwing)

Consejos para la vida

Nunca sabrás si puedes volar a menos que tomes el riesgo de caer.

Dick Grayson (Nightwing)

EXAMPLES / EJEMPLOS

1. I recommend that you try the empanadas. (Try)

2. I recommend that you try it another day. (Try)

3. It's important that you study every day.

This is the explanation for how "estudies" is formed in the tú form of the present subjunctive:

Conjugate the verb estudiar into the Yo form of the present indicative - ESTUDIO.

Drop the O and add ES which makes it ESTUDIES. This is for an AR verb.

---

4. I recommend that you see it. (See)

5. It's best that you learn to do it. (Learn)

6. I want you to eat your beans. (Eat)

7. It's important that you keep studying. (Keep)

8. It's best that you order it today instead of tomorrow. (Order)

---

1. Te recomiendo que pruebes las empanadas. (Probar)

2. Te recomiendo que intentes hacerlo otro día. (Intentar)

3. Es importante que estudies todos los días. (Es importante que) (estudiar)

Esta es la explicación de cómo se forma "estudies" en la forma tú del presente de subjuntivo:

Conjugar el verbo estudiar en la forma Yo del presente de indicativo - ESTUDIO.

Elimine la O y agregue ES lo que lo convierte en ESTUDIOS. Esto es para un verbo AR.

---

4. Te recomiendo que lo veas. (Ver)

5. Lo mejor es que aprendas a hacerlo. (Aprender)

6. Quiero que comas tus frijoles. (Comer)

7. Es importante que sigas estudiando. (Seguir).

8. Es mejor que lo pidas hoy en lugar de mañana. (Pedir)

9. I need you to follow the rules. (Follow)

10. I want you to focus on one thing at a time. (Focus)

11. I want them to put it over there. (Put)

12. I want them to bring it to me. (Bring)

13. I want you to show me how to do it. (Show)

14. Let's eat before the food gets cold (Get cold)

15. I need you to help me. (Help)

16. We have to do whatever is possible. (To be)

17. I want you to find out for me. (Find out)

18. It's urgent that you go to the hospital right now. (Go)

19. I need you to take me to the bank. (Take)

20. I need her to take the kids to school. (Take)

21. I'm asking you to give us another chance. (Give)

22. It's not good that he talks about his own friends like that. (Talk)

23. I doubt that they let him go to the party. (Let)

24. He wants you to wait 10 more minutes. Wait)

25. I hope it goes well. (Go)

9. Necesito que sigas las reglas. (Seguir)

10. Quiero que te concentres en una cosa a la vez. (Concentrarse)

11. Quiero que lo pongan allí. (Poner)

12. Quiero que me lo traigan. (Traer)

13. Quiero que me muestres cómo hacerlo. (Mostrar)

14. Comamos antes que la comida se enfríe. (Enfriar)

15. Necesito que me ayudes. (Ayudar).

16. Tenemos que hacer lo que sea posible. (Ser)

17. Quiero que lo averigües por mí. (Averiguar)

18. Es urgente que vayas al hospital ahorita. (Ir)

19. Necesito que me lleves al banco. (Llevar)

20. Necesito que lleve a los niños a la escuela. (Llevar)

21. Te pido que nos des otra oportunidad. (Dar)

22. No es bueno que hable así de sus propios amigos. (Hablar)

23. Dudo que lo dejen ir a la fiesta. (Dejar)

24. Quiere que esperes 10 minutos más (Esperar).

25. Ojalá que salga bien. (Salir)

Lesson 3: Present subjunctive to express negative forms, hope, wishes, doubts, and uncertainty
Lección 3: Presente subjuntivo para expresar condiciones negativas, esperanzas, deseos, dudas e incertidumbres

We use present subjunctive	Usamos el presente de subjuntivo
<ul><li>To express wishes</li><li>To express doubts</li><li>To express uncertainty<ul><li>I may like that movie</li><li>We may live in Spain for a while</li></ul></li><li>To express hope</li></ul>	<ul><li>Para expresar deseos</li><li>Para expresar dudas</li><li>Para expresar incertidumbre<ul><li>Tal vez me guste esa película</li><li>Quizás vivamos un tiempo en España</li></ul></li><li>Para expresar esperanza</li></ul>

EXAMPLES / EJEMPLOS

1. I'm asking you to not be rude. (To be)	1. Te pido que no seas grosero. (Ser)
2. I don't want you to be late. (To be)	2. No quiero que llegues tarde. (Llegar)
3. Don't talk to your mother like that. (Talk)	3. No le hables así a tu madre. (Hablar)
4. He doesn't think he has COVID. (Have)	4. No cree que tenga COVID. (Tener)
5. I don't think they practiced today. (Think)	5. No creo que hayan practicado hoy. (Haber)
6. I don't think it's necessary. (Think)	6. No creo que sea necesario. (Ser)

7. I hope it doesn't snow. (Snow)

> In Spanish I hope is translated as Ojalá que or Espero que. Both uses are common.

8. I hope you behave in school today. (Behave)

9. I hope you sleep well. (Sleep)

10. Whatever happens. (Happen)

11. Just so you know, it wasn't me. (Know)

12. Before you say anything, it wasn't my fault. (Say)

13. They don't want us to work more than 12 hours a day. (Work)

14. When you hear it, I know you will like it. (Hear)

15. I doubt that they care what you think.

16. I hope they turn up the heat. (Turn up)

17. I hope he wakes up on time. (Wake up)

18. I hope they don't punish him for something that isn't his fault. (Punish)

19. I hope they compete for the championship. (Compete)

7. Ojalá que no nieve. / Espero que no nieve (Nevar)

> En Español, I hope es traducido como Ojalá que o Espero que. Ambos usos son comunes.

8. Espero que te comportes hoy en la escuela. (Comportar)

9. Espero que duermas bien. (Dormir)

10. Pase lo que pase. (Pasar)

11. Para que sepas, yo no fui. (Ser)

12. Antes de que digas algo, no fue mi culpa. (Decir)

13. No quieren que trabajemos más de doce horas al día. (Trabajar)

14. Cuando lo escuches sé que te gustara. (Escuchar)

15. Dudo que les importe lo que piensas.

16. Espero que suban la calefacción. (Subir)

17. Espero que se despierte a tiempo. (Despertar)

18. Espero que no lo castiguen por algo que no es su culpa. (Castigar)

19. Espero que compitan por el campeonato. (Competir)

20. I doubt they understand what is expected of them. (Understand)

21. I hope they don't take too long. (Take)

22. I doubt that he accepts their offer. (Accept)

23. I want you to sweep the floor. (Sweep)

24. I hope you know what you're doing. (Know)

25. I hope you realize what you're capable of achieving. (Realize)

26. I want you to choose what is best for you.

27. It's strange that you can't remember anything. (Can)

The subjunctive is "puedas" (poder). This is how "puedas" is formed in the tú form of the present subjunctive.

Conjugate the verb can into the Yo form of the present indicative – PUEDO. Then, drop the O and add AS which makes it PUEDAS.

This is how you conjugate regular verbs of the present indicative into the tu form of the present subjunctive.

Irregular verbs of the present subjunctive don't follow that exact pattern, so they require a little more *memory.

---

20. Dudo que entiendan lo que se espera de ellos. (Entender)

21. Espero que no tarden demasiado. (Tardar)

22. Dudo que acepte su oferta. (Aceptar)

23. Quiero que barras el suelo. (Barrer)

24. Espero que sepas lo que estás haciendo. (Saber)

25. Espero que te des cuenta de lo que eres capaz de lograr. (Dar)

26. Quiero que elijas lo que es mejor para ti

27. Es extraño que no puedas recordar nada. (Puedas)

El subjuntivo es " puedas" (poder). Así se forma " puedas" en la forma tú del presente de subjuntivo.

Conjugue el verbo poder en la forma Yo del presente de indicativo - PUEDO. Luego, elimina la O y agrega AS lo que lo hace PUEDAS.

Así es como conjugas los verbos regulares del presente de subjuntivo en la forma tú del presente de subjuntivo.

Los verbos irregulares del presente de subjuntivo no siguen ese patrón exacto, por lo que requieren un poco más de memoria.

Present subjunctive activities
Actividades del presente subjuntivo

In the examples below, Translate from English to Spanish or vice versa accordingly. Highlight the trigger words and the subjunctive verb. Use the examples as a reference and create your own sentences.

En los ejemplos a continuación. Tradúcelos del Inglés a Español o viceversa según corresponda. Resalta las palabras desencadenantes y el verbo en subjuntivo. Usa los ejemplos como referencia y crea tus propias oraciones.

1. I insist that you eat with us.

2. I hope they stay another night.

3. Hopefully, they give us another chance.

4. I can make your eggs however you like them.

5. We want to buy a car that doesn't consume a lot of gas.

6. It bothers me that he is so arrogant.

7. I need you to commit to your studies.

8. I want you to understand how important this job is.

9. They have two weeks until they have to move out of that apartment.

10. I want them to return everything that they stole from us.

1. Hasta que te sientas mejor quiero que te quedes en casa y descanses.

2. Tal vez cambie de opinión

3. Posiblemente pueda hacerlo mañana cuando salga del trabajo.

4. Lo que sea que necesiten para terminar el trabajo, dáselo.

5. Quiero que cocinen mi bistec un poco más.

6. Quieren que paguemos demasiado.

7. Es bueno que practiquen al menos una hora todos los días.

8. Quiero que empieces a pensar en lo que quieres ser en el futuro.

9. El dietista sugiere que pierda veinte libras.

10. Déjelos que intenten hacerlo ellos mismos salvo que piden ayuda.

SECTION 4 - PRESENT PERFECT SUBJUNCTIVE
SECCIÓN 4 - PRESENTE PERFECTO DEL SUBJUNTIVO

We use the Present Perfect Subjunctive in sentences that express:
• Disbelief or doubt
• Emotions or wishes
• Negotiation
• Opinions
• Observations
• Evaluations and judgements that allow the speaker to evaluate a situation from a neutral perspective.
    ○ For example: It is common that there are many people with the same thought.
 	
To form the Present Perfect Subjunctive, we follow the steps below:
 	
• We use the verb HABER (to have) in present subjunctive: haya, hayas, haya, hayamos, hayáis, hayan.
 	
• The Past Participle (conjugated verb) of the verb expresses the action. The Past Participle is the same for all persons.
	Usamos el Presente Perfecto Subjuntivo en oraciones que expresan:
	• Incredulidad o duda
	• Emociones o deseos
	• Negociación
	• Opiniones
	• Observaciones
	• Evaluaciones y juicios que permiten al hablante evaluar una situación desde una perspectiva neutral.
	    ○ Por ejemplo: Es común que haya muchas personas con el mismo pensamiento.
	
	Para formar el Presente Perfecto de Subjuntivo, seguimos los siguientes pasos:
	
	• Usamos el verbo HABER (to have) en presente de subjuntivo: haya, hayas, haya, hayamos, hayáis, hayan.
	
	• El Participio Pasado (verbo conjugado) del verbo expresa la acción. El Participio Pasado es el mismo para todas las personas.

Examples of conjugation using the verbs study, want, laugh.
Ejemplo de conjugación usando los verbos estudiar, querer, reír.

Subject + To have in present subjunctive Sujeto + Haber en presente subjuntivo	Past participle of the verb study Participio pasado del verbo estudiar	Past participle of the verb want Participio pasado del verbo querer	Past participle of the verb laugh Participio pasado del verbo reír
I have — Yo haya You have — Tu hayas He has — El haya She has — Ella haya You have — Usted haya We have — Nosotros hayamos You have — Vosotros hayáis They have — Ellos(as) hayan You have — Ustedes hayan	Estudiado	Querido	Reído

Remember that:

- The Past Participle of regular verbs in -ar ends in -ado.
- The Past Participle of regular verbs in -er and -ir ends in -ido.

For example:
- I hope she has passed her exam.

Recuerda que:

- El Participio Pasado de los verbos regulares en -ar termina en -ado.
- El Participio Pasado de los verbos regulares en -er e -ir termina en -ido.

Por ejemplo:
- Espero que ella haya aprobado su examen. (APROBAR).

- **Accented Past Participle Forms**. There are some verbs that end in -er and -ir that have the -ido ending written with an accent mark over the letter i.
    - Example: attracted, heard, smiled, laughed, read, fallen, etc.

- **Irregular Past Participle Forms**. There are some past participles that don't follow any rules and you need to learn or memorize them as they are.
    - Example: open – opened, cover – covered, say – said, write – written, do – done, put – put, break – broken, see – seen, etc.

- **Formas de participio pasado acentuado.** Hay algunos verbos que terminan en -er e -ir que tienen la terminación -ído escrita con un acento sobre la letra i.
    - Ejemplo: atraído, oído, sonreído, reído, leído, caído. etc.

- **Formas irregulares de participio pasado.** Hay algunos participios pasados que no siguen ninguna regla y debes aprenderlos o memorizarlos tal como son.
    - Ejemplo: abrir – abierto, cubrir – cubierto, decir – dicho, escribir – escrito, hacer – hecho, poner – puesto, romper – roto, ver – visto, etc.

Tips For Life

Many of life's failures are people who did not realize how close they were to success when they gave up.

Thomas A. Edison

Consejos para la vida

Muchos de los fracasos de la vida son de personas que no se dieron cuenta de lo cerca que estaban del éxito cuando se dieron por vencidas.

Thomas A. Edison

Lesson 4: Examples of the Present Perfect Subjunctive to express subjectivity and to talk about hypothetical situations
Lección 4: Ejemplos de Presente Perfecto Subjuntivo para expresar subjetividad y para hablar sobre situaciones hipotéticas

We use the Present Perfect Subjunctive in sentences that express:

- After verbs in Present Tense that express subjectivity followed by «que»
- After «ojalá», or «ojalá que»
- For a hypothetical obstacle in the recent past, introduced by "salvo que, a no ser que," that may cause something not to happen.

Usamos el Presente Perfecto Subjuntivo en oraciones que expresan:

- Después de verbos en Tiempo Presente que expresan subjetividad seguido de «que»
- Después de «ojalá» u «ojalá que»
- Por un hipotético obstáculo en el pasado reciente, introducido por "salvo que, a no ser que", que puede hacer que algo no suceda.

EXAMPLES / EJEMPLOS

1. I don't think she has eaten yet. (Have, Eat)

2. I don't think they have finished furnishing the house. (Have, Finish)

3. I'm sorry that you lost your job. (Have, Lost)

1. No creo que ella haya comido todavía. (Haber + comer)

2. No creo que hayan terminado de amueblar la casa. (Haber + terminar)

3. Lamento que hayas perdido tu trabajo. (Haber, Perder)

4. I don't think they did it. (Have, Do)

> Please notice that in several examples you will find sentences like: **I don't think they did it,** where the auxiliary verb have is not present. But keep in mind that the sentence above can be expressed as: **I don't think they have done it**. (Have, Do). Either one is correct, and both express the same even though the structure is different.

5. I doubt that they bought that car. (Have, Buy)

6. I doubt that they cooked dinner yet. (Have, Cook)

7. I don't think we have studied enough. (Have, Study)

8. I can't believe he said that. (Have, Say)

9. It's good that they have changed their lives for the better. (Have, Change)

10. I'm glad that she became a teacher. (Have, Become)

11. It's strange that he hasn't come home. (Have, Come)

12. I'm surprised they haven't called you. (Have, Call)

13. I don't think we have met. (Have, Meet)

4. No creo que lo hayan hecho. (Haber, Hacer).

> Por favor nota que en varios ejemplos encontrarás oraciones como: **I don't think they did it**, donde el verbo auxiliar have no está presente. Pero ten en cuenta que la oración anterior se puede expresar como: **I don't think they have done it.** Cualquiera de las dos es correcto, y ambas expresan lo mismo, aunque la estructura sea diferente.

5. Dudo que hayan comprado ese carro. (Haber, Comprar)

6. Dudo que hayan cocinado la cena todavía. (Haber, Cocinar)

7. No creo que hayamos estudiado lo suficiente. (Haber, Estudiar).

8. No puedo creer que haya dicho eso. (Haber, Decir)

9. Es bueno que hayan cambiado sus vidas para mejor. (Haber, Cambiar).

10. Me alegra que se haya convertido en maestra. (Haber, Convertir)

11. Es extraño que no haya vuelto a casa. (Haber, Volver)

12. Me sorprende que no te hayan llamado. (Haber, Llamar)

13. No creo que nos hayamos conocido. (Haber, Conocer)

14. It doesn't seem like Carlos has read the entire lesson. (Have, Read)

15. I don't think they have left yet. (Have, Leave)

16. I hope you slept well. (Have, Sleep)

17. I don't think he has gained that much weight. (Have, Gain)

18. I don't think they have told us the whole truth. (Have, Tell)

19. Let me know when you have decided what you are going to do. (Have, Decide)

20. I'll let you know when mom has finished making dinner. (Have, Finish)

21. I hope he didn't spend all his money on beer and alcohol this weekend. (Have, Spend)

22. I hope they have bought enough water to last the next 4 days during the storm. (Have, Buy)

23. It doesn't seem like they have given us a fair chance. (Have, Give)

24. I don't think everyone has eaten yet. (Have, Eat)

---

14. No parece que Carlos haya leído toda la lección. (Haber, Leer)

15. No creo que se hayan ido todavía. (Haber, Ir)

16. Espero que hayas dormido bien. (Haber, Dormir)

17. No creo que haya subido tanto de peso. (Haber, Subir)

18. No creo que nos hayan dicho toda la verdad. (Haber, Decir

19. Avísame cuando hayas decidido lo que vas a hacer. (Haber, Decidir)

20. Te avisaré cuando mamá haya terminado de hacer la cena. (Haber, Terminar)

21. Espero que no haya gastado todo su dinero en cerveza y alcohol este fin de semana. (Haber, gastar)

22. Espero hayan comprado suficiente agua para los próximos días durante la tormenta. (Haber, Comprar)

23. No parece que nos hayan dado un chance justo. (Haber, Dar)

24. No creo que todos hayan comido ya. (Haber, comer)

Lesson 5: Examples of Present Perfect Subjunctive to talk about conditions and possibilities
Lección 5: Ejemplos de Presente Perfecto Subjuntivo para hablar sobre condiciones y posibilidades

- For a condition introduced by as long as, on condition that, or as long as. The action must have happened in order for something else to happen.
- Introduced by possibly, probably, maybe, perhaps, maybe, it is possible that, it is likely that
- After phrases that express a degree of probability about something in the recent past.
- Possible non-reality.

- Para una condición introducida por mientras, con la condición de que, o mientras. La acción debe haber sucedido para que algo más suceda.
- Introducido por posiblemente, probablemente, tal vez, quizás, puede que, es posible que, es probable que.
- Después de frases que expresan un grado de probabilidad sobre algo en el pasado reciente.
- Posible irrealidad.

EXAMPLES / EJEMPLOS

1. Let me know when you have made a decision. (Have, Make)
2. Maybe he has found an easier way to do it. (Have, Find)

1. Avísame cuando hayas tomado una decisión. (Haber, Tomar)
2. Tal vez haya encontrado una manera más fácil de hacerlo. (Haber, Encontrar)

3. It's possible that she has gotten herself into trouble with the law. (Have, Got)

4. Maybe he has finished reading the book already. (Have, Finish)

5. It is possible that she received the package already. (Have, Receive)

6. It's possible that they have decided to do something else. (Have, Decide)

7. It is possible that they have changed their plans for this weekend. (Have, Change)

8. It's likely that they have offered the contract to another company. (Have, Offer)

9. It's likely that he has saved enough money to start his new business. (Have, Save)

10. It's likely that he has played his last game. (Have, Play)

11. It's possible that the Board of Directors has already made their choice. (Have, Make)

12. It's likely that he drank too much alcohol. (Have, Drink)

13. It's possible they have started a war. (Have, Start)

3. Es posible que se haya metido en problemas con la ley. (Haber, Meter)

4. Quizás ya haya terminado de leer el libro. (Haber, Terminar)

5. Es posible que ya haya recibido el paquete. (Haber, Recibir)

6. Es posible que hayan decidido hacer algo diferente. (Haber, Decidir)

7. Es posible que hayan cambiado sus planes para este fin de semana. (Haber, Cambiar)

8. Es posible que hayan ofrecido el contrato a otra empresa. (Haber, Ofrecer)

9. Es probable que haya ahorrado suficiente dinero para iniciar su nuevo negocio. (Haber, Ahorrar)

10. Es probable que haya jugado su último juego. (Haber, Jugar)

11. Es posible que la Junta Directiva ya haya hecho su elección. (Haber, Hacer)

12. Es probable que haya bebido demasiado alcohol. (Haber, Beber)

13. Es posible que hayan iniciado una guerra. (Haber, Iniciar)

14. It's possible that we have already bought everything that we need. (Have, Buy)

15. It's likely that she has met all the requirements for the promotion. (Have, Meet)

14. Es posible que ya hayamos comprado todo lo que necesitamos. (Haber, Comprar)

15. Es probable que haya cumplido con todos los requisitos para el ascenso. (Haber, Cumplir)

Tips For Life

The future belongs to those who believe in the beauty of their dreams.

Eleanor Roosevelt

Consejos para la vida

El futuro pertenece a aquellos que creen en la belleza de sus sueños.

Eleanor Roosevelt

Lesson 6: Examples of Present Perfect Subjunctive that refer to actions connected to the past, present, or future.
Lección 6: Ejemplos de Presente Subjuntivo para referirse a acciones conectadas al pasado, presente o futuro.

- The present subjunctive refers to actions from the past connected to a present moment.
- Also expresses what will have happened by a certain point in the future.
- For an action that is expected to have occurred at some point in the future, introduced by «when» or «until»
- For a hypothetical obstacle in the recent past introduced by «although, even though», despite which something else happens or will happen.
- For the desired qualities of something or someone, specifically about their past, introduced by «that, where, who».
- After expressions with the structure: [It is + adjective + that…], if we refer to something in the recent past

- El presente de subjuntivo se refiere a acciones del pasado conectadas a un momento presente.
- También expresa lo que habrá sucedido en un cierto punto en el futuro.
- Para una acción que se espera que haya ocurrido en algún momento en el futuro, introducida por «cuando» o «hasta que»
- Por un hipotético obstáculo en el pasado reciente introducido por «aunque, a pesar de que», a pesar de lo cual sucede o sucederá otra cosa.
- Por las cualidades deseadas de algo o alguien, específicamente sobre su pasado, introducidas por «que, donde, quien»
- Después de expresiones con la estructura: [es + adjetivo + que…], si nos referimos a algo en pasado reciente.

EXAMPLES / EJEMPLOS

1. It is possible that he called me, but I did not realize it.
2. When they have finished doing their homework they can go outside. (Have, Finish)
3. I have to go to therapy until my leg has fully recovered.
4. I hope he has decided by Friday.
5. I don't think he has arrived.
6. I'm glad she chose a college.
7. I doubt that we ordered enough chicken.
8. I'm surprised that she said this.
9. I'm glad we had a break from work.
10. I don't think she has seen it yet.
11. I doubt that she did this.
12. I'm surprised that he has retired at such an early age.
13. I doubt he has even thought about it.
14. I hope she has cooked enough for everybody.

---

1. Es posible que me haya llamado, pero no me di cuenta.
2. Cuando hayan terminado de hacer su tarea pueden salir afuera. (Haber, Terminar)
3. Tengo que ir a terapia hasta que mi pierna se haya recuperado por completo. (Haber)
4. Espero que se haya decidido para el viernes.
5. No creo que haya llegado. (Haber)
6. Me alegra que haya elegido una universidad.
7. Dudo que hayamos pedido suficiente pollo.
8. Me sorprendió que ella haya dicho esto. (Haber)
9. Me alegra que hayamos tenido un descanso de trabajo.
10. No creo que lo haya visto todavía.
11. Dudo que haya hecho esto.
12. Me sorprende que se haya jubilado a una edad tan temprana.
13. Dudo que siquiera haya pensado en ello.
14. Espero que haya cocinado lo suficiente para todos.

15. I don't think he worked 40 hours this week.

16. I'm glad they formed another strategy.

17. I'm surprised you haven't left yet.

18. I don't think we've had to wait this long before.

19. I doubt that he has talked with his family about it.

20. I don't think he has much experience in this industry.

21. I doubt that he has done all this by himself.

22. I don't think they have resolved their differences.

23. I hope they have overcome their fear of flying.

24. I hope she has started to realize her potential.

25. I don't think they have finished practicing yet.

---

15. No creo que haya trabajado 40 horas esta semana.

16. Me alegra que hayan formado otra estrategia. (Haber + formar)

17. Me sorprende que no te hayas ido todavía. (Haber + irse)

18. No creo que hayamos tenido que esperar tanto antes. (Haber + tener que)

19. Dudo que haya hablado con su familia al respecto. (Haber + hablar)

20. No creo que haya tenido mucha experiencia en esta industria. (Haber + tener)

21. Dudo que haya hecho todo esto por sí mismo. (Haber + hacer).

22. No creo que hayan resuelto sus diferencias. (Haber + resolver)

23. Espero que hayan superado su miedo a volar. (Haber + superar)

24. Espero que haya comenzado a darse de su potencial. (Haber + comenzar)

25. No creo que hayan terminado de practicar todavía. (Haber + terminar)

Present Perfect Subjunctive Activities
Actividades del Presente Subjuntivo

In the examples below. Translate from English to Spanish or vice versa accordingly. Highlight the trigger words and the subjunctive verb. Use the examples as a reference and create your own sentences.

En los ejemplos a continuación. Tradúcelos del Inglés a Español o viceversa según corresponda. Resalta las palabras desencadenantes y el verbo en subjuntivo. Usa los ejemplos como referencia y crea tus propias oraciones.

1. I'm glad you opened your own store.

2. I doubt he has learned anything from this experience.

3. I don't think she has lived there that long.

4. It's terrible that they have raised the prices of medicine.

5. It surprises me that they waited this long to decide.

6. I'm honored that you chose me for this job.

7. It's good that you applied for a scholarship.

8. I doubt that they have agreed on a price.

9. I'm sorry that you lost the competition.

10. The applicants that have fulfilled the requirements will be considered for the position.

1. Los estudiantes que se hayan preparado para esta prueba la aprobaran fácilmente.

2. Es increíble que hayamos logrado tanto en un mes y medio.

3. Dudo que haya pedido ayuda para mover los muebles.

4. Es prometedor que haya ganado en los polos.

5. Es inspirador que haya aprendido a hablar cinco idiomas.

6. Odio que hayan cancelado el juego.

7. Es extraño que hayan cerrado la tienda tan temprano.

_____

_____

_____

_____

_____

_____

8. Es bueno que hayan mantenido contactos con tus amigos del colegio.

9. Es imposible que esta niña haya comido toda esa comida.

10. No creo que hayan cosido mis pantalones correctamente.

Tips For Life

I didn't fail the test. I just found one hundred ways to do it wrong.

Benjamin Franklin

Consejos para la vida

No fallé la prueba. Encontré cien maneras de hacerlo incorrectamente.

Benjamín Franklin

SECTION 5 – PAST/PRETERIT IMPERFECT SUBJUNCTIVE OR IMPERFECT SUBJUNCTIVE.
SECCIÓN 5 - PASADO IMPERFECTO DEL SUBJUNTIVO O IMPERFECTO DEL SUBJUNTIVO.

The past/preterit imperfect subjunctive does not express time. It shows the point of view of a speaker, specifically to express a point of view in the past.

The Imperfect Subjunctive is used to express or refers to previous experience or unlikely events and possibilities. This mood is also known as the Spanish past subjunctive.

It is also used:
- To express doubts about something you are unsure of.
- With THAT. In this case, QUE is an exclamative or direct pronoun
- In some polite expressions as requests or suggestions (only with the verbs have, can, and want).

- In Impersonal expressions.
    - You need to call her.
- To conjugate a regular verb into Imperfect Subjunctive we'll follow the steps below:
    - You will have to use the third person plural form of the preterit tense.
    - To conjugate a verb into the third person plural, we need to keep in mind what we would say after THEY (Ellos or Ellas).

El pasado/pretérito imperfecto del subjuntivo no expresa tiempo. Muestra el punto de vista de un hablante, específicamente para expresar un punto de vista en el pasado.

El Subjuntivo Imperfecto se usa para expresar o se refiere a experiencias previas o eventos y posibilidades poco probables. Este modo también se conoce como pasado de subjuntivo en español.

También se utiliza:
- Expresar dudas sobre algo de lo que no está seguro.
- Con QUE. En este caso, QUE es un pronombre exclamativo o directo
- En algunas expresiones de cortesía como peticiones o sugerencias (solo con los verbos DEBER, PODER y QUERER).
- En expresiones impersonales.
    - Es necesario que la llames
- Para conjugar un verbo regular en Subjuntivo Imperfecto seguiremos los siguientes pasos:
- Tendrás que usar la tercera persona del plural del tiempo pretérito.
- Para conjugar un verbo en tercera persona del plural, debemos tener en cuenta lo que diríamos después de THEY (Ellos o Ellas).

- o We take off the -ron.
- o We add one of the two imperfect endings to conjugate the verb into the imperfect subjunctive.
- o We add the imperfect subjunctive endings to the verb.

- o Separamos el -ron.
- o Agregamos una de las dos terminaciones imperfectas para conjugar el verbo en el subjuntivo imperfecto.
- o Añadimos las terminaciones de imperfecto de subjuntivo al verbo.

Singular	I You He She	Yo Tú / Usted El Ella	-ra -ras -ra -ra	-se -ses -se -se
Plural	We You They	Nosotros (as) Vosotros (as) Ellos (as)	-ramos -ráis -ran	-semos -séis -sen

Example:
We are going to take the verbs drink and eat as an example.

The third person form of the preterit for these verbs would be as follows:
- Beber – Bebieron
- Comer - Comieron

Ellos bebieron café por la mañana.
Ellas comieron carne con papas.

- Beber – Bebieron – Bebie Yo bebiera / Yo bebiese
- Comer – Comieron – Comie Yo comiera / Yo comiese

They drank coffee in the morning.

They ate meat with potatoes

Ejemplo:
Vamos a tomar como ejemplo los verbos beber y comer.

La tercera persona del pretérito de estos verbos sería la siguiente:
- Beber – Bebieron
- Comer - Comieron

Ellos bebieron café por la mañana.
Ellas comieron carne con papas.

- Beber – Bebieron – Bebie Yo bebiera / Yo bebiese
- Comer – Comieron – Comie Yo comiera / Yo comiese

Ellos bebieran/bebiesen el café por la mañana
Ellas comieran/comiesen carne con papas

Lesson 7: Express subjectivity or actions in the past
Lección 7. Expresar subjetividad o acciones en el pasado

The past imperfect subjunctive is used to: <ul><li>Express subjectivity in the past</li><li>Indicate an action in the past in the same situation where the subjunctive would be required in the present.</li><li>In relative clauses, when the antecedent in the first clause is non-existent, indefinite, or negated.</li></ul>	El pasado imperfecto del subjuntivo es usado para: <ul><li>Expresar subjetividad en el pasado.</li><li>Para indicar una acción en el pasado en la misma situación donde se requeriría el subjuntivo en el presente.</li><li>En oraciones relativas (cuando el antecedente en la primera oración es inexistente, indefinido o negado)</li></ul>

EXAMPLES / EJEMPLOS

1. I wanted them to finish it yesterday. (Finish)	1. Quería que lo terminaran ayer. (Terminar)
2. I wanted her to come with us. (Come)	2. Quería que ella viniera con nosotros. (Venir
3. I needed you to be here yesterday. (To be)	3. Necesitaba que estuvieras aquí ayer. (Estar)
4. She wanted you to do it. (Do)	4. Ella quería que lo hicieras. (Hacer)

5. He told them what he wanted them to do. (Do)

6. We hoped he understood how to do it. (Understand)

7. They told him to go home because he was sick. (go)

8. The doctor told her to stop drinking alcohol. (stop)

9. She told him to put it in the closet. (Put)

10. He told me not to tell you. (Tell)

11. They told me to keep doing what I was doing. (Keep)

12. I asked him to give me the keys because he was drunk. (Give)

13. She suggested that I ask for a raise. (Ask)

14. I wanted her to see it for herself. (See)

15. I was hoping that they knew how to build it. (Knew)

16. My boss expected him to finish it. (Finish)

17. Who told you to tell me this? (Tell)

18. Who told you to do this? (Do)

---

5. Les dijo lo que quería que hicieran. (Hacer)

6. Esperábamos que entendiera cómo hacerlo. (Entender)

7. Le dijeron que se fuera a su casa porque estaba enfermo. (Ir)

8. El doctor/médico le dijo que dejara de beber alcohol. (Dejar)

9. Le dijo que lo pusiera en el armario. (Poner)

10. Me dijo que no te lo dijera. (Decir)

11. Me dijeron que siguiera haciendo lo que estaba haciendo. (Seguir)

12. Le pedí que me diera sus llaves porque estaba borracho. (Dar)

13. Me sugirió que pidiera un aumento. (Pedir)

14. Quería que lo viera por sí misma. (Ver)

15. Esperaba que supieran cómo construirlo. (Saber)

16. Mi jefe esperaba que lo terminara. (Terminar)

17. ¿Quién te dijo que me dijeras esto? (Decir)

18. ¿Quién te dijo que hicieras esto? (Hacer)

19. We asked him to make a decision. (Make)

20. I would visit you more if you lived closer. (Live)

21. If we had more time we would go to the lake. (Have)

22. I would prefer that you read it as soon as possible. (Read)

23. I would do it if I were you. (To be)

24. What did you want me to do? (Do)

19. Le pedimos que tomara una decisión. (Tomar)

20. Te visitaría más si vivieras más cerca. (Vivir)

21. Si tuviéramos más tiempo iríamos al lago. (Tener)

22. Preferiría que lo leyeras lo antes posible. (Leer)

23. Yo lo haría si fuera tú. (Ser)

24. ¿Qué querías que hiciera? (Hacer)

Tips For Life

Wait for a hero?
Be your own damn hero.

Barbara Joan Gordon (Batgirl)

Consejos para la vida

¿Esperas a un héroe?
Sé tu propio maldito héroe.

Barbara Joan Gordon (Batichica)

Lesson 8: Past Imperfect Subjunctive to express conditionality or wishes.
Lección 8: Pasado Imperfecto subjuntivo para expresar condicionalidad o deseos.

We use the past imperfect subjunctive:
 	
1. With the conditional IF (SI) to explain something that is contrary to fact or unlikely to happen.
 	
2. To express wishes.
   - We use "hopefully" or "I wish".
	Usamos el pasado imperfecto subjuntivo:
	
	- Con el condicional SI (IF) para explicar algo que es contrario a los hechos o poco probable que suceda.
	- Para expresar deseos.
	   - Usamos "Ojalá" o, "Ojalá que".

EXAMPLES / EJEMPLOS

1. If I were you, I wouldn't do that. (To be)	1. Si yo fuera tu no harías eso. (Ser)
2. If I knew more people, I would go out more. (Know)	2. Si conociera a más gente saldría más. (Conocer)
3. If we lived in Myrtle Beach, we would go to the beach every weekend. (Live)	3. Si viviéramos en Myrtle Beach iríamos a la playa todos los fines de semana. (Vivir)
4. If I had more time, I would study another language. (Have)	4. Si tuviera más tiempo, estudiaría otro idioma. (Tener)
5. I didn't think it was you.	5. No pensé que fueras tú. (Ser)

6. If I won, the lottery I'd be in Jinotega right now. (Win)

7. If I cooked as good as you, I would open a restaurant. (Cook)

8. If they could work together, they would accomplish more. (Can)

9. I didn't know anyone who liked the same shows as me. (Like)

> The sentence above is an example of the use of a relative clause.

10. I didn't think he could do it (Can)

11. If you were here, we could go to the movies together. (To be)

12. I would do it if I could. (Can)

13. I would give you the money if I had it. (Have)

14. I would go with you if I didn't have to work in the morning. (Have)

15. I would prefer you do it today instead of tomorrow. (Do)

16. I was hoping they called you today. (call)

17. What would they do if I wasn't here? (To be)

---

6. Si me ganara la lotería ya estaría en Jinotega. (Ganar)

7. Si cocinara tan bien como tú, abriría un restaurante. (Cocinar)

8. Si pudieran trabajar juntos lograrían más. (Poder)

9. No conocía a nadie que le gustasen las mismas series que yo. (Gustar)

> La oración de arriba es un ejemplo del uso de una cláusula relativa

10. No pensé que pudiera hacerlo. (Poder)

11. Si estuvieras aquí podríamos ir juntos al cine. (Estar)

12. Lo haría si pudiera. (Poder)

13. Te daría el dinero si lo tuviera. (Tener)

14. Iría contigo si no tuviera que trabajar por la mañana. (Tener)

15. Preferiría que lo hicieras hoy en lugar de mañana. (Hacer)

16. Esperaba que te llamaran hoy. (Llamar)

17. ¿Qué harían si yo no estuviera aquí? (Estar)

18. I would prefer that we arrive early. (Arrive)

19. When we complained they told us to get over it. (Get over)

20. I would work more hours if they offered them to me (Offer)

21. It's very respectable that you wanted to help them. (Want)

22. Enjoy the moment as if there's no tomorrow. (There is)

23. Not that he was the richest man in the world. (To be)

24. Not that he had eaten so much. (Eat)

25. I wish they would make up their minds. (Make Up)

18. Preferiría que llegáramos temprano. (Llegar)

19. Cuando nos quejamos nos dijeron que lo superáramos. (Superar)

20. Trabajaría más horas si me las ofrecieran. (Ofrecer)

21. Es muy respetable que quisieras ayudarlos. (Es muy respetable que) (Querer)

22. Disfruta el momento como si no hubiera un mañana. (Haber)

23. Ni que fuera el hombre más rico del mundo. (Ser)

24. Ni que hubiera comido tanto. (Comer)

25. Ojalá se decidieran. (Decidir)

This is an example of the use of a phrasal verb. Phrasal verbs are a group of words that combine a verb with an adverb or a preposition, so these words act as a single verb and take on a whole new meaning that's independent of the meanings of the individual words.

In the sentence, "make up their minds" means to decide.

A more common way to express the same is, **I wish they would decide**.

Este es un ejemplo del uso de una frase verbal. Las frases verbales son un grupo de palabras que combinan un verbo con un adverbio o una preposición, para actuar como un solo verbo y adquieren un significado completamente nuevo que es independiente de los significados de las palabras individuales.

En la oración, "make up their minds" significa decidir.

Una forma más común de expresar lo mismo es, **Ojalá se decidieran**.

Past imperfect subjunctive activities
Actividades del pasado imperfecto subjuntivo

In the examples below. Translate from English to Spanish or vice versa accordingly. Highlight the trigger words and the subjunctive verb. Use the examples as a reference and create your own sentences.

En los ejemplos a continuación. Tradúcelos del Inglés a Español o viceversa según corresponda. Resalta las palabras desencadenantes y el verbo en subjuntivo. Usa los ejemplos como referencia y crea tus propias oraciones.

1. He told me to leave it.

2. She asked me to buy milk.

3. They wanted me to stay.

4. He suggested that then take notes.

5. The dietician recommended that he eat more vegetables.

6. What did they want us to do?

7. I was surprised that he played yesterday.

8. I told him to pay attention in class.

9. They expected him to win very easily.

10. The nurse gave him some papers to fill out.

1. Necesitaba que terminaras de limpiar hace una hora.

2. Insistí en que esperara a que su hermana llegara a casa.

3. Si tuviera más dinero compraría otro carro.

4. Ganaría mucho dinero si pudiera aprender a construir motores.

5. Si mis hermanas estuvieran aquí yo sería feliz.

6. Me gustaría que vinieran al espectáculo con nosotros.

7. Esperaba que nos mostraran como hacerlo.

8. Yo no iría a ver esa película si fuera tu.

9. Ana le pidió a su hijo que cortara el césped.

10. Querían que fuera al centro comercial esta tarde, pero tenía que estudiar para los exámenes.

SECTION 6 – PAST/PRETERIT PERFECT SUBJUNCTIVE OR PAST PLUPERFECT SUBJUNCTIVE
SECCIÓN 6 – PASADO/PRETERITO PERFECTO DEL O PASADO PLUSCUAMPERFECTO DEL SUBJUNTIVO

The past perfect of the subjunctive mood is used to refer to actions from the past that have already ended but their effects still continue in the present to talk about actions that will end in the future.

For example:
- I hope the food I left on the table hasn't gotten cold.

The past perfect subjunctive is formed with the verb HABER in the present subjunctive (HAYA, HAYAS, HAYA, HAYAMOS, HAYÁIS, HAYAN); followed by the participle of the main verb, which is the one that will give meaning to the sentence or action that is being talked about.

Regular verbs ending in -er whose root ends in a vowel must accentuate the i of the participles ending: -ído.
- Example, leer – leído, traer - traído, caer - caído

In many cases, in the past perfect subjunctive, reflexive verbs are used, which are conjugated with a reflexive pronoun (me, te, se, nos, os, se) that matches in person and number with the subject.

El pasado perfecto del modo subjuntivo se usa para referirse a acciones del pasado que ya han terminado pero sus efectos aún continúan en el presente para hablar de acciones que terminarán en el futuro.

Por ejemplo:
- Espero que la comida que dejé en la mesa no se haya enfriado.

El pasado perfecto del subjuntivo se forma con el verbo HABER en presente del subjuntivo (HAYA, HAYAS, HAYA, HAYAMOS, HAYÁIS, HAYAN); seguido del participio del verbo principal, que es el que le dará sentido a la oración o acción de la cual se está hablando.

Los verbos regulares terminados en -er cuya raíz acaba en vocal deben acentuar la i de la terminación del participio: -ído.
- Por ejemplo: leer – leído, traer - traído, caer - caído

En muchos casos, el pasado perfecto subjuntivo, hace uso de los verbos reflexivos los cuales se conjugan con un pronombre reflexivo (me, te, se, nos, os, se) que concuerda en persona y número con el sujeto.

In cases where reflexive pronouns are used, they always precede the auxiliary verb HABER.
- For example: I hope you woke up early

The participle in Spanish is obtained removing the endings of the infinitive (-ar, -er, -ir) and adding -ado or -ido to the root of verbs ending in -ar and -er/-ir, respectively.

For example:
- Carlos would've helped you if you would've talked to him.

The present perfect of the subjunctive can be used to:
- To refer to an action completed in the future.
    - For example: When we have finished the tasks, we can rest.

- Actions related to a period of time that we consider current. Sometimes those time slots are explicitly mentioned.

    - For example: What a coincidence that you saw her today.
    - I'm glad you found it
- By agreement in sentences whose main verb is in the present, past perfect or future simple of the indicative or imperative mood.

    - For example: You will receive what you ordered.

En los casos en lo que se usan los pronombres reflexivos, siempre preceden al verbo auxiliar HABER.
- Por ejemplo: Espero que te hayas despertado temprano

El participio en español se obtiene quitando las terminaciones del infinitivo (-ar, -er, -ir) y añadiendo -ado o -ido a la raíz a los verbos acabados en -ar y -er/-ir, respectivamente.

Por ejemplo:
- Carlos te hubiera ayudado si hubieras hablado con él. (Haber)

El pretérito perfecto del subjuntivo puede usarse para:
- Para referirse a una acción acabada en el futuro.
    - Por ejemplo: Cuando hayamos terminado las tareas, podremos descansar.

- Acciones relacionadas con un espacio de tiempo que consideramos actual. A veces, esos espacios de tiempo se mencionan de manera explícita.
    - Por ejemplo: Qué casualidad que la hayas visto hoy.
    - Me alegro que lo hayas encontrado
- Por concordancia en oraciones cuyo verbo principal está en presente, pretérito perfecto o futuro simple del modo indicativo o en modo imperativo.
    - Por ejemplo: Recibirás lo que hayas ordenado.

Lesson 9: Expressing wishes, feelings and giving commands
Lección 9: Expresando deseos y sentimientos y dando órdenes

The present perfect subjunctive can be used to: • To express wishes or feelings • To give commands that depend on a condition or the future, using CUANDO (when) to express that condition.	El pretérito perfecto subjuntivo puede usarse para: • Para expresar deseos o sentimientos. • Para dar órdenes que dependen de una condición o de futuro usando WHEN (cuando) para expresar esa condición.

EXAMPLES / EJEMPLOS

1. I wish you had gone to the store; we are out of milk. (Have) 2. I wish you had called me. (Have) 3. I wish you had listened to me. (Have) 4. I wish they would've arrived on time. (Haber) 5. I wish we would've found out sooner. (Have)	1. Ojalá hubieras ido a la tienda, no tenemos leche. (Haber) 2. Ojalá me hubieras llamado. (Haber). 3. Ojalá me hubieras escuchado. (Haber) 4. Ojalá hubieran llegado a tiempo. (Haber) 5. Ojalá nos hubiéramos enterado más temprano. (Haber)

6. I wish they would've followed the instructions to the letter. (Have)
7. Who would have thought I would be in Charlotte? (Have)
8. I wish I would've seen it months ago. (Have, Seen)
9. I wish we would've done it last year. (Have, Do)
10. I wish we would've bought more food. (Have, Buy)
11. I wish they would've said something. (Have, Say)
12. I wish they would've won the game (Have, Win)
13. I wish you would've asked me first. (Have, Ask)
14. I wish the company would've hired more people. (Have, Hire)
15. I wish the flight would've arrived on time (Have, Arrive)
16. I wish they had sold the house for a cheaper price. (Have, Sell)
17. I wish I had worked more hours last week. (Have, Sell)

6. Ojalá hubieran seguido las instrucciones al pie de la letra. (Haber)
7. ¿Quién hubiera pensado que estaría en Charlotte? (Haber)
8. Ojalá lo hubiera visto hace meses. (Haber, Ser)
9. Ojalá lo hubiéramos hecho el año pasado. (Haber, Hacer)
10. Ojalá hubiéramos comprado más comida. (Haber, Comprar)
11. Ojalá hubieran dicho algo. (Haber, Decir)
12. Ojalá hubieran ganado el juego. (Haber, Ganar)
13. Ojalá me hubieras preguntado primero. (Haber, Preguntar)
14. Ojalá la empresa hubiera contratado a más personas. (Haber, Contratar)
15. Ojalá el vuelo hubiera llegado a tiempo. (Haber, Llegar)
16. Ojalá hubieran vendido la casa a un precio más barato. (Haber, Vender)
17. Ojalá hubiera trabajado más horas la semana pasada. (Haber, Trabajar)

18. I wish he would've decided sooner. (Have, Decide)
19. I wish they would've fixed it right the first time. (Have, Fix)
20. I wish they would've added more seasoning to this chicken. (Haber, Add)
21. I wish I would've tried the cake before they ate it all. (Have, Try)

> This statement features a past perfect subjunctive, trigger words and the past imperfect subjunctive.

22. I wish I would've stayed a couple more days (Have, Stay)
23. I wish they would've let us go home early. (Haber, let)
24. I wish I would've taken more pictures. (Have, Take)
25. I wish they would've given me a better percentage rate. (Have, Give)

18. Ojalá hubiera decidido más temprano. (Haber, Decidir)
19. Ojalá lo hubieran arreglado correctamente la primera vez. (Haber + arreglar)
20. Ojalá hubieran agregado más condimentos a este pollo. (Haber, Agregar)
21. Ojalá hubiera probado el pastel antes de que se lo comieran todo. (Haber, Probar)

> Esta declaración presenta un subjuntivo pasado perfecto, palabras desencadenantes y el subjuntivo pasado imperfecto.

22. Ojalá me hubieran quedado un par de días más. (Haber, Quedarse)
23. Ojalá nos hubieran dejado ir a casa temprano. (Haber, Dejar)
24. Ojalá hubiera tomado más fotos. (Haber, Tomar)
25. Ojalá me hubieran dado una mejor tasa de porcentaje. (Haber, Dar)

Lesson 10: Expressing doubts, judgments, probability, and beliefs
Lección 10: Expresando dudas, juicios, probabilidades y creencias

- We use the present perfect subjunctive on the following scenarios:
- To express value judgments or beliefs.
- To express doubt or probability
- After the negation with the verbs believe, seem, and think.

- Usamos el presente perfecto subjuntivo en los siguientes escenarios:
- Para expresar juicios de valor o creencias.
- Para expresar duda o probabilidad
- Después de la negación con los verbos creer, parecer y pensar.

EXAMPLES / EJEMPLOS

1. I don't think he slept well, he looked tired.
   - This example expresses a judgment or belief.

2. If they would have planned it better the party would have been a success.

3. If I would have waited I would have gotten a better price.

1. No creo que haya dormido bien, se miraba cansado.
   - Este ejemplo expresa un juicio o creencia.

2. Si la hubieran planeado mejor, la fiesta hubiera sido un éxito. (Haber).

3. Si hubiera esperado hubiera conseguido un mejor precio. (Haber).

4. If they would have went to New York they would have had a better time.

5. If you would have talked to him in Spanish he would have understood you.

6. If he hadn't talked so much he would still have a job

7. If you and I had worked together, we would've finished on time.

8. I would've gone before but I was working.

9. If he had put it in the usual place, he would be able to find it now.

10. We would've made plans if we knew they were coming to visit.

11. If you would've gone with us, you would've had a good time.

12. If they would've paid attention, they would've understood the material.

13. If we would've bought our tickets early, we would've gotten better seats.

14. If I had known it was going to rain, I would have brought an umbrella.

4. Si hubieran ido a Nueva York, lo hubieran pasado mejor. (Haber)

5. Si le hubieras hablado en español, te hubiera entendido. (Haber)

6. Si no hubiera hablado tanto, todavía hubiera tenido un trabajo.

7. Si tú y yo hubiéramos trabajado juntos hubiéramos terminado a tiempo. (Haber).

8. Hubiera ido antes, pero estaba trabajando. (Haber)

9. Si lo hubiera puesto en el lugar habitual, hubiera podido encontrarlo ahora. (Haber)

10. Hubiéramos hecho planes si hubiéramos sabido que venían de visita. (Haber + hacer) (Haber + saber)

11. Si hubieras ido con nosotros, lo hubieras pasado bien. (Haber)

12. Si hubieran prestado atención, hubieran entendido el material. (Haber).

13. Si hubiéramos comprado nuestros boletos temprano, hubiéramos obtenido mejores asientos.

14. Si hubiera sabido que iba a llover, hubiera traído un paraguas.

15. If I would've slept another hour this morning I would've felt much better at work today.

16. I would've done something if I would've known they needed help.

17. I would've worn something different if I had known the party was formal.

18. We would've practiced if it hadn't rained.

19. If we would've started at 8:00 this morning, we would've finished cooking by 1:00.

20. I would've enjoyed the party if I hadn't drunk so much.

21. I would've gone with them if I would've been able to.

22. If I had been offered that job I would've taken it.

23. If you would've heard what he said you would've been surprised.

24. They would've given us a better deal if we would've asked for it.

25. Rogelio's parents wouldn't have allowed drinking at his party if they would've been there.

15. Si hubiera dormido una hora más esta mañana, me hubiera sentido mucho mejor en el trabajo.

16. Hubiera hecho algo si hubiera sabido que necesitaban ayuda.

17. Me hubiera puesto algo diferente si hubiera sabido que la fiesta era formal.

18. Hubiéramos practicado si no hubiera llovido.

19. Si hubiéramos comenzado a las 8:00 esta mañana, hubiéramos terminado de cocinar a la 1:00.

20. Hubiera disfrutado la fiesta si no hubiera bebido tanto.

21. Hubiera ido con ellos si hubiera podido.

22. Si me hubieran ofrecido ese trabajo, lo hubiera aceptado.

23. Si hubieras oído lo que dijo, te hubieras sorprendido.

24. Nos hubieran dado un mejor trato si lo hubiéramos pedido.

25. Los padres de Rogelio no hubieran permitido tomar en su fiesta si hubieran estado allí.

Lesson 11: Actions in the past
Lección 11: Acciones en el pasado

We can also use the past perfect subjunctive to express:
 	
• A past action that has ended but its consequences remain in the present.
  ○ For example: I'm glad you brought the materials.
• Actions located in the past, not necessarily recent, but that we feel and present as current.
  ○ For example: Although he was born in Bilbao, he does not speak Basque (Euskera)
	También podemos usar el pasado perfecto subjuntivo para expresar:
	
	• Una acción pasada que ya ha acabado pero sus consecuencias se mantienen en el presente.
	  ○ Por ejemplo: Que bueno que hayas traído los materiales.
	• Acciones situadas en el pasado, no necesariamente recientes, pero que sentimos y presentamos como actuales.
	  ○ Por ejemplo: Aunque haya nacido en Bilbao, no habla el idioma Vasco (Euskera)

EXAMPLES / EJEMPLOS

1. We hoped they would've bought beer for the party. (Have, Buy)	1. Esperábamos que hubieran comprado cerveza para la fiesta. (Haber, Comprar)
2. He hoped the boss would've considered him for the position. (Have, Consider)	2. Esperaba que el jefe lo hubiera considerado para el puesto. (Haber, Considerar)
3. They hoped the company would've given them a better raise. (Have, Give)	3. Esperaban que la compañía les hubiera dado un mejor aumento. (Haber, Dar)

4. I hoped he would've visited his friends while he was in town. (Have, Visit)

5. We hoped they wouldn't have taken the first offer. (Have, Accept)

6. We hoped they would've rejected such a low offer. (Have, Reject)

7. I hoped they would've finished the car today. (Have, Finish)

8. I hoped he would've read the entire message, but he didn't. (Have, Read)

9. I hoped they would've made another decision. (Have, make)

10. I hoped you would've tried to do something different. (Have, Try)

11. We hoped they would have decided already. (Have, Decide)

12. I hoped she would've concentrated more on her studies than she did. (Have, Concentrate).

13. They hoped the mail would've been delivered before they left the house. (Have, To be, Deliver)

14. Diego hoped they would've stayed at the amusement park a little longer. (Have, Stay)

4. Esperaba que hubiera visitado a sus amigos mientras estaba en la ciudad. (Haber + visitar)

5. Esperábamos que no hubieran aceptado la primera oferta. (Haber, Aceptar)

6. Esperábamos que hubieran rechazado una oferta tan baja. (Haber + rechazar)

7. Esperaba que hubieran terminado el carro hoy. (Haber + terminar)

8. Esperaba que hubiera leído el mensaje completo, pero no lo hizo. (Haber + leer)

9. Esperaba que hubieran tomado otra decisión. (Haber + tomar)

10. Esperaba que hubieras intentado hacer algo diferente. (Haber, Intentar)

11. Esperábamos que ya lo hubieran decidido. (Haber, Decidir)

12. Esperaba que se hubiera concentrado más en sus estudios de lo que lo hizo. (Haber + concentrar)

13. Esperaban que el correo hubiera sido entregado antes de salir de la casa. (Haber, Ser, Entregar)

14. Diego esperaba que se hubieran quedado en el parque de diversiones un poco más. (Haber, Quedarse)

15. Mila hoped her friend would've been able to spend the night. (Have, Able)

16. Isabella hoped she would've played a little longer before going home. (Have, Play)

17. Marley hoped her parents would've let her go to the party. (Have, Let)

18. We hoped Roland would've decided to come with us. (Have, Decide)

19. They hoped Nia would've sung another song, but it was late, and she was very tired, and it was very late. (Have, Sing)

20. We hoped Stefanie would've served a few more beers before closing the bar. (Have, Serve)

21. We hoped Sean would've showed us one more beach in Hawaii. (Have, Show)

22. He hoped Santa Claus would've brought him a bicycle for Christmas. (Have, Bring)

23. His wife hoped he would've stopped smoking by now. (Have, Stop)

24. We hoped they would've chosen to eat somewhere else. (Have, Chose)

25. I hoped you would've ordered the pizza already. (Have, order)

---

15. Mila esperaba que su amiga hubiera podido pasar la noche. (Haber + poder)

16. Isabella esperaba que hubieran jugado un poco más antes de irse a casa. (Haber + jugar)

17. Marley esperaba que sus padres la hubieran dejado ir a la fiesta. (Haber + dejar)

18. Esperábamos que Roland hubiera decidido venir con nosotros. (Haber, Decidir)

19. Esperaban que Nia hubiera cantado otra canción, pero era tarde y estaba cansado. (Haber, Cantar)

20. Esperábamos que Stefanie hubiera servido unas cuantas cervezas más antes de cerrar el bar. (Haber, Servir)

21. Esperábamos que Sean nos hubiera mostrado una playa más en Hawái. (Haber, Mostrar)

22. Esperaba que Papá Noel le hubiera traído una bicicleta para Navidad. (Haber + traer)

23. Su esposa esperaba que ya hubiera dejado de fumar. (Haber + dejar)

24. Esperábamos que hubieran elegido comer en otro lugar. (Haber, Elegir)

25. Esperaba que ya hubieras pedido la pizza. (Haber + pedir)

PAST PERFECT SUBJUNCTIVE ACTIVITIES
ACTIVIDADES DEL PASADO PERFECTO SUBJUNTIVO

In the examples below. Translate from English to Spanish or vice versa accordingly. Highlight the trigger words and the subjunctive verb. Use the examples as a reference and create your own sentences.

En los ejemplos a continuación. Tradúcelos del Inglés a Español o viceversa según corresponda. Resalta las palabras desencadenantes y el verbo en subjuntivo. Usa los ejemplos como referencia y crea tus propias oraciones.

1. You would've laughed if you had seen me dancing.

2. You would've done the same if you had been there.

3. I wish they would've invited us.

4. He would've succeeded if he would've tried.

5. I wish I would've found out about this a month ago.

6. If I had found it, I would've kept it.

7. I wish they would've trusted in the process.

8. I wish we would've thought of this yesterday.

9. The kids would've understood if the teacher would've explained it better.

10. I would've exercised outside if it wouldn't have rained this afternoon.

1. Hubiera volado a Nicaragua si el vuelo no se hubiera cancelado debido a la tormenta.

2. Si nos hubiéramos ido a México a tiempo ya hubiéramos estado allí.

3. Si hubiéramos visitado Canaima, hubiéramos podido ver Salto Ángel.

4. Si el vuelo hubiera salido puntual, hubieran aterrizado en el aeropuerto Luis Muñoz Marín a las 4.

5. Si hubieran manejado hasta Puerto Plata, los hubiera llevado una hora.

6. Si me hubieras hablado en Español, te hubiera respondido en español.

7. Te hubieran pagado cinco dólares más por hora si hubieras trabajado el domingo.

8. Si hubiéramos estudiado juntos, te hubiera ayudado con el álgebra.

9. Ojalá hubiéramos hecho paracaidismo en la playa la semana pasada.

10. Me hubiera gustado bailar salsa en un club de La Habana cuando estuve allí.

SECTION 7 - FUTURE SUBJUNCTIVE OR FUTURE IMPERFECT SUBJUNCTIVE
SECCIÓN 7 - FUTURO SUBJUNTIVO O FUTURO IMPERFECTO SUBJUNTIVO

The future subjunctive (or future imperfect and future perfect of the subjunctive), is used to express hypothetical situations or actions that have not yet happened, especially if they are subject to conditions.

The future tense of the subjunctive is almost in disuse because in most cases it is easier to use another tense of the subjunctive mood.

You can express the same idea using the present indicative or the present subjunctive.

Example:
- If someone did it (future subjunctive)
  = If someone does it (Present indicative).

In the first example (future subjunctive), it is not known if anyone will ever do it.

The present indicative offers certainty that someone, at some point, will.
- If someone did it = When someone does it.

The future subjunctive is used with some frequency for the writing of solemn, juridical, administrative, or legal documents.

El futuro subjuntivo (o futuro imperfecto y futuro perfecto del subjuntivo), es usado para expresar situaciones o acciones hipotéticas que aún no acontecen, especialmente si están sometidas a condicionantes.

El tiempo futuro del subjuntivo se encuentra casi en desuso porque en la mayoría de los casos es más fácil utilizar otro tiempo del modo subjuntivo.

Puede expresar la misma idea usando el presente indicativo o subjuntivo.

Ejemplo:
- Si alguien lo hiciere (futuro subjuntivo)
  = Si alguien lo hace (Presente indicativo).

En el primer ejemplo (futuro subjuntivo), no se sabe si alguien en algún momento lo hará.

El presente indicativo ofrece certeza de que alguien, en algún momento lo hará.
- Si alguien lo hiciere = Cuando alguien lo haga.

El futuro subjuntivo se usa con cierta frecuencia para la redacción de documentos solemnes, jurídicos, administrativos o legales.

The exception of its use is reduced to idioms or proverbs.	La excepción de su uso está reducido a modismos o refranes.
Example:	**Ejemplo:**
- Whatever it is (idiom) - Come where you come from (idiom) - Wherever you go, do what you see (saying)	- Sea lo que fuere (modismo) - Venga de donde viniere (modismo) - Adonde fueres haz lo que vieres (refrán)
The future subjunctive is not used in conversation which is why we will not expand on it in this section. However, by way of example, we are going to explain a little about both forms of the future subjunctive so that it is not totally forgotten.	El futuro de subjuntivo no se usa en la conversación, por lo que no lo ampliaremos en esta sección. Sin embargo, a modo de ejemplo; vamos a explicar un poco sobre ambas formas del futuro de subjuntivo para que no se olvide del todo.
Remember that it is important to learn the things you need for your life. It is not important, or necessary, to spend time learning things that we won't ever use.	Recuerda que es importante aprender las cosas que necesitas para tu vida. No es importante, ni necesario, dedicar tiempo a aprender cosas que nunca usaremos.
Doing so gives us a feeling of frustration, and that no matter how hard we try, we are not advancing in our learning.	Hacerlo nos genera un sentimiento de frustración, y de que por mucho que lo intentemos, no estamos avanzando en nuestro aprendizaje.

Examples of verbs in future imperfect subjunctive
Ejemplos de verbos en futuro imperfecto subjuntivo

ENGLISH	ESPAÑOL	ENGLISH	ESPAÑOL
• Will accept	• Aceptare	• Will understand	• Entendieren
• Will enjoy	• Disfrutare	• Will go	• Fueren
• Will send	• Enviare	• Will replace	• Reemplazaren
• Was	• Estuviere	• Wil arrive	• Llegaren
• Could	• Pudiere	• Will respect	• Respetaren
• Will die	• Muriere	• Will know	• Supieren
• Eat	• Comiere	• Will steal	• Robaren
• Will look	• Mirare	• Will fire	• Despidieren
• Will run	• Corriere	• Will get wet	• Mojaren
• Will take care	• Cuidare	• Will live	• Vivieren

Examples using Future Imperfect Subjunctive
Ejemplos usando el Futuro Imperfecto Subjuntivo

1. If he eats, he'll feel better. (Eat)

2. If she has any news, she will communicate it immediately (Have)

3. Her decision, whatever it may be, I will respect (To be)

4. We will do what is necessary to solve the problem (To be)

5. If there is any setback, I will call you immediately. (Have)

1. Si él comiere, se sentirá mejor. (Comer)

2. Si ella tuviere alguna noticia, la comunicará inmediatamente (Tener)

3. Su decisión, sea cual fuere, la respetaré (Ser)

4. Haremos lo que fuere necesario para resolver el problema (Ser)

5. Si hubiere algún contratiempo, te llamaré inmediatamente. (Haber)

6. If another epidemic were to break out, people would be very worried. (Break out)

7. The student who does not pass the exam will have summer classes to pass the subject. (Approve)

8. Whoever disobeys the law will be rigorously punished. (Disobey)

9. The person (anyone) who could not attend the meeting may request the recording. (Can)

6. Si se desatare otra epidemia, las personas estarían muy preocupadas. (Desatar)

7. El estudiante que no aprobare el examen tendrá clases de verano para aprobar la materia. (Aprobar)

8. Quien desobedeciere la ley, será castigado rigurosamente. (Desobedecer)

9. La persona (cualquiera) que no pudiere asistir a la reunión podrá solicitar la grabación. (Poder)

Tips For Life

The best and most beautiful things in the world cannot be seen or even touched, they must be felt with the heart.

Helen Keller

Consejos para la vida

Las mejores y más hermosas cosas en el mundo no pueden ser vistas ni tocadas, deben sentirse con el corazón.

Helen Keller

SECTION 8 - FUTURE PERFECT SUBJUNCTIVE
SECCIÓN 8 – FUTURO PERFECTO SUBJUNTIVO

The future perfect expresses a hypothetical finished action in relation to another future (if it had arrived tomorrow) or to a present (if it had already arrived)	El futuro perfecto expresa una acción hipotética acabada con relación a otro futuro (si hubiere llegado mañana) o a un presente (si hubiere llegado ya)
The future subjunctive adds a tone of uncertainty and improbability to a future situation.	El futuro subjuntivo añade tono de incertidumbre e improbabilidad a una situación futura.
If we don't want it to sound like this, we can replace the same ideas using the present and past perfect of the indicative and subjunctive mood.	Si no queremos que suene de esta manera, podemos remplazar las mismas ideas usando el presente y el pretérito perfecto del modo indicativo y subjuntivo.
For example: • If a man will fear his bad deeds... (future subjunctive)	Por ejemplo: • Si el hombre temiere de sus malos actos... (futuro subjuntivo)
In this example it is not clear that at some point the man is going to fear his bad deeds, which adds a tone of improbability and even impossibility.	*En este ejemplo no está claro que en algún momento el hombre va a temer de sus malos actos, lo cual añade un tono de improbabilidad e inclusive de*
• If the man fears his bad deeds... (present indicative).	• Si el hombre teme de sus malos actos... (presente indicativo).
In this example, the added tone is that at some point the man may fear his bad deeds, which implies possibility. Very different from the previous example.	*En este ejemplo el tono que se añade es de que en algún momento el hombre puede temer de sus malos actos, lo cual implica posibilidad. Muy diferente al ejemplo anterior.*
It is important to clarify that this verb tense was restricted to the field of Law to classify crimes and penalties.	Es importante aclarar que este tiempo verbal quedó restringido al ámbito del Derecho para clasificar delitos y penas.

Examples of verbs using Future Perfect Subjunctive
Ejemplos de verbos usando Futuro Perfecto Subjuntivo

- Will have come
- Will have run
- Will have felt
- Will have talked
- Will have stole
- Will have explained

- Hubiere venido (venir) *
- Hubiere corrido (correr)
- Hubieres sentido (sentir)
- Hubieres hablado (hablar
- Hubieren robado (robar)
- Hubieren explicado (explicar)

Note that in these examples of verbs "there would be" is added simply to show the correct grammatical construction of the future present subjunctive. The verb itself is the one in parentheses. In this example the verb is to come (come, will have come)

Note que en estos ejemplos de verbos se añade "hubiere" simplemente para mostrar la correcta construcción gramatical del futuro presente subjuntivo. El verbo en sí es el que se encuentra entre paréntesis. En este ejemplo el verbo es venir (venido, hubiere venido)

EXAMPLES / EJEMPLOS

1. I would have decided by then. (Have, Decide)

2. He would have finished by Friday. (Have, Finish)

3. If he would have eaten, he would feel better. (Have, Eat)

4. Whoever would have seen the accident, would be called as a witness. (Have, See)

5. Those who would have delivered the task will have extra points. (Have, Deliver)

6. She would have done, but she will be busy on the weekend. (Have, Done).

7. She would have entered, but it's big. (Have, Enter)

8. Even if she would have said that she doesn't agree, she will always do it. (Have, Say).

9. If you would have approved the agreement, the person must accept the conditions. (Have, Approve)

10. If she would have not arrived by 9, we will call her phone number. (Have, Arrive)

---

1. Lo hubiere decidido para entonces. (Haber, Decidir)

2. Hubiere terminado para el viernes. (Haber, Terminar)

3. Si él hubiere comido, se sentirá mejor (Haber, Comer)

4. Quién hubiere visto el accidente, será llamado como testigo. (Haber, Ver)

5. Los que hubieren entregado la tarea, tendrán puntaje extra. (Haber, Entregar)

6. Ella lo hubiere hecho, pero estará ocupada el fin de semana. (Haber, Hacer)

7. Hubiere entrado, pero es grande. (Haber, Entrar)

8. Aunque hubiere dicho que no está de acuerdo, siempre se hará. (Haber, Decir)

9. Si hubiere aprobado el acuerdo, la persona deberá aceptar las condiciones. (Haber, Aprobar)

10. Si no hubiere llegado a las 9, llamaremos a su teléfono. (Haber, Llegar)

SECTION 9 - IMPERATIVE
SECCIÓN 9 - IMPERATIVO

The imperative is the verb tense used to express an order, a request, an invitation, ask for help, give instructions, a warning, advice, and suggestions.	El imperativo es el tiempo verbal usado para expresar una orden, una petición, invitación, pedir ayuda, dar instrucciones, una advertencia, consejos y sugerencias.
The imperative is the same as the verb. We use the verb without the subject of the sentence (I, you, he, she, you). The main verb is in the infinitive form.	El imperativo es lo mismo que el verbo. Usamos el verbo sin el sujeto de la oración (yo, tú el, ella, nosotros, vosotros, ustedes). El verbo principal va en la forma infinitiva
Affirmative structure: Infinitive + (complement)	**Estructura afirmativa:** Infinitivo + (complemento)
Negative structure: Do not / Don't + infinitive + (complement)	**Estructura negativa:** No + Infinitivo + (complemento)
For questions and short answers, the verbs do, can, or would are used, depending on the message we want to emphasize.	Para preguntas y respuestas cortas se usan los verbos hacer, poder, o haría dependiendo del mensaje que queremos enfatizar.
To form imperative sentences in the negative form, we use NO (Don't) followed by the verb in the infinitive.	Para formar oraciones imperativas en forma negativa, usamos NO seguido del verbo en infinitivo.
The use of the imperative is direct and sometimes sounds a bit rude or rude, which is why it is important to pay attention to the context when using it.	El uso del imperativo es directo y, a veces suena un poco rudo o sin educación, razón por la cual es importante prestar atención al contexto cuando se usa.
To express the imperative in a cordial way, we can add the particle do or the interjection please.	Para expresar el imperativo de manera cordial, podemos añadir la partícula do o la interjección por favor.

If we want to include ourselves in the sentence, we normally use the contracted form of let us (let's). Generally, it is used in invitations or suggestions when we want or do not want someone to do something with us.

To build affirmative sentences of this type we will place (let's) followed by the verb in the infinitive and a complement.

Affirmative structure:
Let's + infinitive + (complement)

For example:
Let's make waffles to eat with coffee!

To create the negative form in this type of sentences, we use the construction let's followed by not, plus the verb in the infinitive and the complement.

Negative structure:
Let's + not + infinitive + (complement)

Si deseamos incluirnos en la oración, normalmente usamos la forma contraída de let us (déjanos (let's)). Como regla general, se usa en invitaciones o sugerencias cuando queremos o no que alguien haga algo con nosotros.

Para construir oraciones afirmativas de este tipo colocaremos (let's) seguido del verbo en infinitivo y un complemento.

Estructura afirmativa:
Presente del Subjuntivo (nosotros) + infinitivo + (complemento)

Por ejemplo:
¡Hagamos waffles para comer con café!

Para crear la forma negativa en este tipo de oraciones, usamos la construcción let's seguida de not, más el verbo en infinitivo y el complemento.

Estructura negativa:
No + Presente del subjuntivo + infinitivo + (complemento)

Tips For Life

Believe you can and you're halfway there.

Theodore Roosevelt.

Consejos para la vida

Cree que puedes y has llegado a la mitad del camino.

Theodore Roosevelt.

EXAMPLES / EJEMPLOS

1. Come in.
2. Let me sleep
3. Tell me.
4. Take it
5. Forget it.
6. Write it down.
7. Listen to me.
8. Listen.
9. Look.
10. Talk louder please.
11. Come here.
12. Get out of here.
13. Go home.
14. Call me.
15. Think about it. (Talking to more than one person)
16. Pay attention
17. Look
18. Look (Talking to more than one person)
19. Eat
20. Take your time.
21. Do it for me.

1. Entra
2. Déjame dormir
3. Dime
4. Tómalo
5. Olvídalo.
6. Escríbelo
7. Escúchame.
8. Oye.
9. Mira.
10. Habla más fuerte por favor.
11. Ven aquí.
12. Sal de aquí.
13. Vete a casa.
14. Llámame.
15. Piénsenlo (Hablando con más de una persona)
16. Presta atención
17. Mira.
18. Miren (Hablando con más de una persona)
19. Come.
20. Tomate tu tiempo.
21. Hazlo por mí.

22. Remember it.	22. Recuérdalo.
23. Let me see it.	23. Déjame verlo.
24. Find it please.	24. Encuéntralo por favor.
25. Run!	25. ¡Corre!
26. Dance with me.	26. Baila conmigo.
27. Put it on the table.	27. Ponlo en la mesa.
28. Keep your eyes on the road.	28. Mantén tus ojos en el camino.
29. Leave me alone	29. Déjame solo
30. Let me sleep.	30. Déjame dormir
31. Give it to me	31. Dámelo (dar)
32. Let's talk about this. (Talk)	32. Hablemos de esto. (Hablar)
33. Let's be better than them. (To be)	33. Seamos mejores que ellos. (Ser)
34. Do what you want. (Do)	34. Haz lo que quieras (Haz)
35. Don't let him fool you. ()	35. No dejes que te engañe. (Dejar, engañar)
36. Don't get mad (Get mad)	36. No te enojes. (Enojarse)
37. Don't break anything (Break)	37. No rompas nada. (Romper)
38. Don't go break anything (Go)	38. No vayas a romper nada. (Ir)
39. Don't disappoint him. (Disappoint)	39. No lo decepciones. (Decepcionar)
40. Don't worry. (Worry)	40. No te preocupes. (Preocuparse)
41. Don't scare me like that (Scare)	41. No me asustes así. (Asustar)
42. Don't post that. (Post)	42. No publiques eso. (Publicar)
43. Don't even mention it. (Mention)	43. Ni siquiera lo menciones. (Mencionar)
44. Don't get used to it. (Get used)	44. No te acostumbres. (Acostumbrar)

Combination of the imperative and then subjunctive
Combinación del Imperativo y el Subjuntivo

1. Let me know when you're done. (Do)

2. I want ice cream even if it's just a little bit. (To be)

3. I'm looking for a house that has five bedrooms. (Have)

4. You will be the first to know it when I find out. (Know)

5. What do they want us to do? (Do)

6. His grandmother wants him to take out the trash. (Take out)

7. He hopes they win the game. (Win)

8. It is very important that we have this conversation. (Have)

9. Keep studying until you understand it. (Keep, Understand).

This example is an imperative and then the subjunctive.

---

10. I'll let you know when it's done. (To be)

11. Pay attention so you know how to do it yourself. (Know)

1. Avísame cuando termines. (Avisar) (Terminar)

2. Quiero helado, aunque sea un poco. (Ser)

3. Estoy buscando una casa que tenga 5 habitaciones. (Tener)

4. Serás el primero en saberlo cuando me entere. (Enterarse)

5. ¿Qué quieren que hagamos? (Hacer)

6. Su abuela quiere que el saque la basura. (Sacar)

7. Espera que ganen el juego. (Ganar)

8. Es muy importante que tengamos esta conversación. (Tener).

9. Sigue estudiando hasta que lo entiendas. (Seguir, Entender)

Este es un ejemplo de imperativo y luego el subjuntivo

---

10. Te avisaré cuando esté hecho. (Estar)

11. Presta atención para que sepas cómo hacerlo tú mismo. (Saber)

12. Let me know when you are ready.

13. Write it down so you won't forget it. (Write, Forget)

14. Don't bother her. Let her sleep. (Bother, Sleep)

> This is an example with two short sentences put together. The first sentence has the subjunctive. The second has an imperative.

15. Order whatever you want. (Order, Want)

> This sentence has an imperative and then a subjunctive.

16. Think positive so that everything goes well. (Go)

17. Call me when you have better reception. (Have)

18. Tell me what you need me to do. (Do)

19. Take your time to decide so that you make the right decision. (Make)

20. Go home before they start worrying about you. (Worry)

21. Do it this way until they tell you something different. (Tell)

22. Wait until your mother gets home. (Get)

---

12. Avísame cuándo estés listo(a)

13. Escríbelo para que no lo olvides. (Escribir, Olvidar)

14. No la molestes, déjala dormir. (Molestar, Dejar)

> Este es un ejemplo con dos oraciones cortas juntas. La primera oración tiene el subjuntivo. El segundo tiene un imperativo.

15. Pide lo que quieras. (Pedir) (Querer).

> This sentence has an imperative and then a subjunctive.

16. Piensa en positivo para que todo salga bien. (Salir)

17. Llámame cuando tengas mejor recepción. (Tener)

18. Dime que necesitas que haga. (Hacer)

19. Tomate tu tiempo para que tomes la decisión correcta. (Tomar)

20. Vete a casa antes de que empiecen a preocuparse por ti. (Preocupar)

21. Hazlo así hasta que te digan algo diferente. (Decir)

22. Espera a que tu madre llegue a casa. (Llegar)

23. Finish it today so that you can relax tomorrow. (Can)

24. Go have fun unless you have something better to do. (Have)

25. Give him some time alone so he can think clearly. (Can)

26. Take this with you so that you have it just in case. (Have)

27. Try some cake. (Try)

23. Termínalo hoy para que puedas relajarte mañana. (Poder)

24. Ve a divertirte a menos que tengas algo. (Tener)

25. Dale un tiempo a solas para que pueda pensar con claridad. (Poder)

26. Lleva esto contigo para que lo tengas por si acaso. (Tener)

27. Prueba un poco de pastel (Probar)

Tips For Life

Do you know what a foreign accent is?
It's a sign of bravery.

Amy Chua

Consejos para la vida

¿Sabes lo que es un acento extranjero?
Es una señal de valentía

Amy Chua

SECTION 10 – MORE ACTIVITIES
SECCIÓN 10 – MÁS ACTIVIDADES

In the examples below. From 1 to 59 translate from English to Spanish, and from 60 to 120 translate them from Spanish to English. Highlight the trigger words and the subjunctive verb. Use the examples as a reference and create your own sentences.

En los ejemplos a continuación. Del 1 al 59 tradúzcalos del inglés al español, y del 60 al 120 tradúzcalos del español al inglés. Resalta las palabras desencadenantes y el verbo en subjuntivo. Usa los ejemplos como referencia y crea tus propias oraciones.

1. I need you to take care of it.

2. Don't let him fool you.

3. It's important that you take it to them yourself.

4. I want you to be sure before you do it.

5. I want you to tell me the whole story.

6. Don't forget to turn off all the lights before you leave.

7. When you finish painting, come to the house.

8. I don't think there's enough dessert for everyone.

9. I'll be ready by the time they finish eating.

10. I want everyone to eliminate the idea of having to learn grammar before talking.

11. I need you to stop what you're doing and listen to me.

12. I expect them to be professional on the job.

13. We are waiting for them to leave.

14. She is waiting for the bus to come.

15. She is waiting for her husband to come home.

16. They are waiting for the painters to finish the house.

17. It's important that we quickly find a way to solve this problem.

18. I'm looking for someone who knows how to set up a website.

19. Think about it tonight and let me know tomorrow what you decide to do.

20. It's mandatory that you follow the instructions to the letter.

21. I'm worried that he won't pass the exam.

22. It amazes me that she is learning to speak English so quickly.

23. Let's do it this way unless you have a better idea.

24. The community does not want the city to tear down the old Recreation Center.

25. I want you to focus on the basics.

26. They only want you to pay what you owe.

27. He doesn't seem to want to do it.

28. It bothers me that they don't care what happens in their own community.

29. Let your brother know what you find out.

30. I want you to start thinking about other projects.

31. I think it is better that we take our time to develop a new strategy.

32. Is there anything I can do to help?

33. I want you to write down all the supplies we need for the job.

34. I want you two to work together on this presentation.

35. They want us to spend whatever it takes to make this party a success.

36. Hopefully, we'll see each other this weekend at the party.

37. Whatever it is, you can tell me.

38. It is likely that it will snow tomorrow.

39. We can't go unless we change our appointment.

40. I hope they fix the radiator tomorrow.

41. The teacher wants him to create a science project about dinosaurs.

42. She is looking for someone to take her to the bus station.

43. They want to find a dance studio that teaches salsa.

44. I hope he will consider applying for a higher position since he is qualified.

45. They want him to sell the apartment building for too low a price.

46. They want the recreation center to function as a sanctuary for troubled youth.

47. Stay focused so you're ready when an opportunity presents itself.

48. She wants you to dance with her.

49. I hate that they put that much garlic in the pasta.

50. It seems like there isn't enough food for all the guests.

51. I want you to write down all your ideas, so you don't forget them.

52. It is mandatory that they wear safety shoes at work.

53. I hope it doesn't cost me too much money. They want us to dress up for the party.

54. He wants us to start without him because he's going to be late.

55. I want you to drive for a while, while I rest.

56. They want me to water their plants while they're on vacation.

57. Voice your concerns so they know what needs to be improved.

58. I don't think he is a good person.

59. I insist that you come over to the house for dinner.

60. Solo quiero que todos estén seguros este fin de semana.

61. Espero que aprendan de esta experiencia.

62. Es importante admitir nuestros errores para que aprendamos de ellos.

63. Al jefe no le importa que nos quejemos de nuestros horarios.

64. Solo te pido que lo pienses antes de tomar una decisión.

65. Espero que le ofrezcan el nuevo puesto en la gerencia.

66. Estoy buscando una casa que tenga un garaje grande.

67. La ayudaremos cuando ella decida ayudarse a sí misma primero.

68. Quiero que sepas que puedes contar conmigo cuando llegue el momento.

69. Sus padres quieren que él consiga un trabajo para pagar su propio carro.

70. Quiero que conozcas a mi hijo cuando visite la próxima semana.

71. Podemos hacerlo siempre que lleguemos a un acuerdo razonable.

72. La próxima vez que vea algo que necesita mejorar, dígalo.

73. No olvides lo que tenemos que hacer mañana.

74. Has estado bebiendo, así que es mejor que no conduzcas a casa esta noche.

75. Hazlo como él te enseñe a hacerlo y estarás bien.

76. Es importante que intente pensar en otra opción por si acaso es necesario.

77. No me gusta que abuse de su autoridad.

78. Espero que haya mucha gente en la piscina hoy.

79. Tenemos que llegar a la tienda antes de que cierre a las 7:00.

80. Es bueno que dé tanto de su tiempo como voluntaria.

81. Espero que los niños recuerden todas sus líneas para la obra.

82. Quiero que te relajes este fin de semana en lugar de pensar en el trabajo.

83. Tienes que llevar a tu hermana al aeropuerto a las 5:00.

84. Quiero que sigas haciendo lo que estás haciendo.

85. No te entenderá a no ser que le hables en español.

86. Quiero que practiques hablar en voz alta para que te acostumbres a hablar.

87. Insisto en que salgas a cenar con nosotros cuando vengas a la ciudad.

88. Quiero que me expliques exactamente cómo lo hiciste.

89. Espero que encuentres el trabajo que buscas.

90. Quiero que te concentres en lo más importante.

91. Si es una necesidad, no importa cuánto cueste.

92. Quiere encontrar un trabajo que ofrezca buenos beneficios.

93. El cuartel general quiere que contrate a personas que tengan experiencia militar.

94. Lo importante es lo que puedas probar.

95. Espero que recauden suficiente dinero para construir un nuevo Museo.

96. No importa lo que digan, haz lo mejor que puedas.

97. Me molesta que no escuche lo que dicen sus padres.

98. Sugiere que probemos la langosta.

99. Espero que hagan cambios para mejorar el ambiente de trabajo.

100. Espero que se decidan rápidamente.

101. Espero que decida lo que va a hacer antes de las 2:00.

102. No quiero que cometas los mismos errores que yo cometí.

103. Lo mejor es que todos mantengan la calma hasta que pase la tormenta.

104. Quiero que te prepares para cualquier escenario.

105. Trabajamos duro para que nuestros hijos puedan tener una vida mejor.

106. Es mejor que lo paguen hoy en lugar de la próxima semana.

107. Necesito que seas más responsable con tu dinero.

108. Quiero que ahorren su dinero en lugar de gastarlo en cosas que no necesitan.

109. Prefiero que hables tú mismo con él.

110. Espero que disfrutes la comida.

111. Quiero que le digas a tu hermana lo que has decidido llevar a la fiesta.

112. No importa cómo lo hagas, solo hazlo.

113. No estoy seguro, pero tal vez César sepa cómo hacerlo.

114. Espero que disfrutes tu tiempo con tus amigos.

115. ¿Hay algún lugar que recomiendes?

116. Quieren que terminemos a las 5:00.

117. Podemos comer donde quieras.

118. Quiero que arregles tu propio desastre esta vez.

119. ¿Hay algún lugar donde podamos hablar en privado?

120. Espero que hayas traído todas las cosas del supermercado.

SECTION 11 - SUBJUNCTIVE AND THE REGULAR AND IRREGULAR VERBS
SECCIÓN 11 - EL SUBJUNTIVO Y LOS VERBOS REGULARES E IRREGULARES

Spanish regular verbs with -ar ending are the most common verbs. Verbs with -ir ending are the second most frequent and the verbs with -er ending are the least abundant.

There are three types of verbs that have -ar ending and that change their spelling in the present subjunctive conjugation. Verbs that end with -car, -zar, and -gar are conjugated differently. To conjugate verbs of the present indicative tense to the present subjunctive we follow the steps below:

1. Verbs with -car ending, drop the CAR ending and add QUE (Practicar, Practique)
    a. I want you to practice with me.

2. Verbs with -gar ending change the GAR to GUE (Jugar, Juegue)
    a. It's good that you play basketball

3. Verbs with -zar ending, drop the Z and add CES (Almorzar = Almuerce)
    a. It's important that you start studying

Los verbos regulares en Español con terminación -ar son los verbos más comunes. Los verbos con terminación -ir son los segundos más frecuentes y los verbos con terminación -er son los menos abundantes.

Hay tres tipos de verbos que terminan en -ar y que cambian su ortografía en la conjugación del presente de subjuntivo. Los verbos que terminan en -car, -zar y -gar se conjugan de manera diferente. Para conjugar verbos del presente de indicativo al presente del subjuntivo seguimos los siguientes pasos:

1. Los verbos con terminación -car, quitar la terminación CAR y agregar QUE (Practicar, Practique)
    a. Quiero que practiques conmigo.

2. Los verbos con terminación -gar cambian el GAR por GUE (Jugar, Juegue)
    a. Es bueno que juegues baloncesto

3. Verbos con terminación -zar, suelte la Z y agregue CE (Almorzar = Almuerce)
    a. Es importante que empieces a estudiar.

Regular verb conjugations
Conjugaciones de los verbos regulares

Below, we present the different subjunctive conjugations of some of the most used regular and irregular verbs in Spanish. Remember, the following tables are for reference only, our intention is not that you memorize them, but we believe that they could be useful, for instance, you can take one of the verbs below in any subjunctive form and create your own sentences.

Notice that Haber is an irregular verb that is used as an auxiliary to conjugate compound tenses.

Habría is a simple conditional of the verb to have that indicates probability or doubt that is used in the indicative mood. Hubiese o hubiera is the form of the past imperfect of the verb to have in the subjunctive mood.

Hubiere and hubiese are forms of the past tense of the subjunctive of haber. Note that hubiere is future subjunctive.

Hubiera y hubiese are used to indicate existence or as an auxiliary verb. They are interchangeable words since hubiese is a variant of hubiera. Hubiera is more used in spoken and written language and hubieses used less in writing.

A continuación, presentamos las diferentes conjugaciones en subjuntivo de algunos de los verbos regulares más usados en español. Recuerda, las siguientes tablas son solo para referencia, nuestra intención no es que las memorices, pero creemos que pueden ser útiles, por ejemplo, puedes tomar uno de los verbos a continuación en cualquier forma de subjuntivo y crear tus propias oraciones.

Haber es un verbo irregular que se usa como auxiliar para conjugar tiempos compuestos

Habría es un condicional simple del verbo haber que indica probabilidad o duda que se usa en el modo indicativo. Hubiese o hubiera es la forma del pasado imperfecto del verbo haber en el modo subjuntivo.

Hubiere y hubiese son formas del pretérito imperfecto de subjuntivo de haber. Nótese que hubiere es futuro de subjuntivo.

Hubiera y hubiese se usab para indicar existencia o como verbo auxiliar. Son palabras intercambiables ya que hubiese es una variante de hubiera. Hubiera es más utilizado en el lenguaje hablado y en el escrito y hubiese se utiliza menos en el escrito.

Subjunctive of the verb WALK Subjuntivo del verbo CAMINAR		
Present **Presente**	**Past Imperfect** **Pasado Imperfecto**	
Yo camine	Yo caminase	Yo caminara
Tu camines	Tu caminases	Tu caminaras
Él camine	El caminase	El caminara
Ella camine	Ella caminase	Ella caminara
Usted camine	Usted caminase	Usted caminara
Nos caminemos	Nos caminásemos	Nos camináramos
Vos caminéis	Vos caminaseis	Vos caminarais
Ellos caminen	Ellos caminasen	Ellos caminaran
Ustedes caminen	Ustedes caminasen	Ustedes caminaran
Present Perfect **Presente Perfecto**	**Past Perfect or Pluperfect** **Pasado Perfecto o Pluscuamperfecto**	
Yo haya caminado	Yo hubiera caminado	Yo hubiese caminado
Tu hayas caminado	Tu hubieras caminado	Tu hubieses caminado
El haya caminado	Él hubiera caminado	Él hubiese caminado
El haya caminado	Ella hubiera caminado	Ella hubiese caminado
Usted haya caminado	Ella hubiera caminado	Usted hubiese caminado
Nos hayamos caminado	Nos hubiéramos caminado	Nos hubiésemos caminado
Vos hayáis caminado	Vos hubierais caminado	Vos hubieseis caminado
Ellos hayan caminado	Ellos hubieran caminado	Ellos hubiesen caminado
Ustedes hayan caminado	Ustedes hubieran caminado	Ustedes hubiesen caminado

Subjunctive of the verb BEBER Subjuntivo del verbo BEBER		
Present **Presente**	**Past Imperfect** **Pasado Imperfecto**	
Yo beba Tu bebas Él beba Ella beba Usted beba Nos bebamos Vos bebáis Ellos beban Ustedes beban	Yo bebiese Tu bebieses El bebiese Ella bebiese Usted bebiese Nos bebiésemos Vos bebieseis Ellos bebiesen Ustedes bebiesen	Yo bebiera Tu bebieras El bebiera Ella bebiera Usted bebiera Nos bebiéramos Vos bebierais Ellos bebieran Ustedes bebieran
Present Perfect **Presente Perfecto**	**Past Perfect or Pluperfect** **Pasado Perfecto o Pluscuamperfecto**	
Yo haya bebido Tu hayas bebido El haya bebido El haya bebido Usted haya bebido Nos hayamos bebido Vos hayáis bebido Ellos hayan bebido Ustedes hayan bebido	Yo hubiera bebido Tu hubieras bebido Él hubiera bebido Ella hubiera bebido Ella hubiera bebido Nos hubiéramos bebido Vos hubierais bebido Ellos hubieran bebido Ustedes hubieran bebido	Yo hubiese bebido Tu hubieses bebido Él hubiese bebido Ella hubiese bebido Usted hubiese bebido Nos hubiésemos bebido Vos hubieseis bebido Ellos hubiesen bebido Ustedes hubiesen bebido

Subjunctive of the verb EAT Subjuntivo del verbo COMER		
Present **Presente**	**Past Imperfect** **Pasado Imperfecto**	
Yo coma	Yo comiese	Yo comiera
Tu comas	Tu comieses	Tu comieras
Él coma	El comiese	El comiera
Ella coma	Ella comiese	Ella comiera
Usted coma	Usted comiese	Usted comiera
Nos comamos	Nos comiésemos	Nos comiéramos
Vos comais	Vos comieseis	Vos comierais
Ellos coman	Ellos comiesen	Ellos comieran
Ustedes coman	Ustedes comiesen	Ustedes comieran
Present Perfect **Presente Perfecto**	**Past Perfect or Pluperfect** **Pasado Perfecto o Pluscuamperfecto**	
Yo haya comido	Yo hubiera comido	Yo hubiese comido
Tu hayas comido	Tu hubieras comido	Tu hubieses comido
El haya comido	Él hubiera comido	Él hubiese comido
El haya comido	Ella hubiera comido	Ella hubiese comido
Usted haya comido	Ella hubiera comido	Usted hubiese comido
Nos hayamos comido	Nos hubiéramos comido	Nos hubiésemos comido
Vos hayáis comido	Vos hubierais comido	Vos hubieseis comido
Ellos hayan comido	Ellos hubieran comido	Ellos hubiesen comido
Ustedes hayan comido	Ustedes hubieran comido	Ustedes hubiesen comido

Subjunctive of the verb MUST Subjuntivo del verbo DEBER		
Present **Presente**	**Past Imperfect** **Pasado Imperfecto**	
Yo deba Tu debas Él deba Ella deba Usted deba Nos debamos Vos debáis Ellos deban Ustedes deban	Yo debiese Tu debieses El debiese Ella debiese Usted debiese Nos debiésemos Vos debieseis Ellos debiesen Ustedes debiesen	Yo debiera Tu debieras El debiera Ella debiera Usted debiera Nos debiéramos Vos debierais Ellos debieran Ustedes debieran
Present Perfect **Presente Perfecto**	**Past Perfect or Pluperfect** **Pasado Perfecto o Pluscuamperfecto**	
Yo haya debido Tu hayas debido El haya debido El haya debido Usted haya debido Nos hayamos debido Vos hayáis debido Ellos hayan debido Ustedes hayan debido	Yo hubiera debido Tu hubieras debido Él hubiera debido Ella hubiera debido Ella hubiera debido Nos hubiéramos debido Vos hubierais debido Ellos hubieran debido Ustedes hubieran debido	Yo hubiese debido Tu hubieses debido Él hubiese debido Ella hubiese debido Usted hubiese debido Nos hubiésemos debido Vos hubieseis debido Ellos hubiesen debido Ustedes hubiesen debido

Subjunctive of the verb BREAK Subjuntivo del verbo ROMPER			
Present **Presente**	**Past Imperfect** **Pasado Imperfecto**		
Yo rompa Tu rompas Él rompa Ella rompa Usted rompa Nos rompamos Vos rompáis Ellos rompan Ustedes rompan	Yo rompiese Tu rompieses El rompiese Ella rompiese Usted rompiese Nos rompiésemos Vos rompieseis Ellos rompiesen Ustedes rompiesen		Yo rompiera Tu rompieras El rompiera Ella rompiera Usted rompiera Nos rompiéramos Vos rompierais Ellos rompieran Ustedes rompieran
Present Perfect **Presente Perfecto**	**Past Perfect or Pluperfect** **Pasado Perfecto o Pluscuamperfecto**		
Yo haya roto Tu hayas roto El haya roto El haya roto Usted haya roto Nos hayamos roto Vos hayáis roto Ellos hayan roto Ustedes hayan roto	Yo hubiera roto Tu hubieras roto Él hubiera roto Ella hubiera roto Ella hubiera roto Nos hubiéramos roto Vos hubierais roto Ellos hubieran roto Ustedes hubieran roto		Yo hubiese roto Tu hubieses roto Él hubiese roto Ella hubiese roto Usted hubiese roto Nos hubiésemos roto Vos hubieseis roto Ellos hubiesen roto Ustedes hubiesen roto

Subjunctive of the verb TO COOK Subjuntivo del verbo COCINAR		
Present **Presente**	**Past Imperfect** **Pasado Imperfecto**	
Yo cocine Tu cocines Él cocine Ella cocine Usted cocine Nos cocinemos Vos cocinéis Ellos cocinen Ustedes cocinen	Yo cocinase Tu cocinases El cocinase Ella cocinase Usted cocinase Nos cocinásemos Vos cocinaseis Ellos cocinasen Ustedes cocinasen	Yo cocinara Tu cocinara El cocinara Ella cocinara Usted cocinara Nos cocináramos Vos cocinarais Ellos cocinaran Ustedes cocinaran
Present Perfect **Presente Perfecto**	**Past Perfect or Pluperfect** **Pasado Perfecto o Pluscuamperfecto**	
Yo haya cocinado Tu hayas cocinado El haya cocinado El haya cocinado Usted haya cocinado Nos hayamos cocinado Vos hayáis cocinado Ellos hayan cocinado Ustedes hayan cocinado	Yo hubiera cocinado Tu hubieras cocinado Él hubiera cocinado Ella hubiera cocinado Ella hubiera cocinado Nos hubiéramos cocinado Vos hubierais cocinado Ellos hubieran cocinado Ustedes hubieran cocinado	Yo hubiese cocinado Tu hubieses cocinado Él hubiese cocinado Ella hubiese cocinado Usted hubiese cocinado Nos hubiésemos cocinado Vos hubieseis cocinado Ellos hubiesen cocinado Ustedes hubiesen cocinado

Subjunctive of the verb TO LIKE Subjuntivo del verbo GUSTAR		
Present **Presente**	**Past Imperfect** **Pasado Imperfecto**	
Yo guste Tu guste Él guste Ella guste Usted guste Nos gustemos Vos gustéis Ellos gusten Ustedes gusten	Yo gustase Tu gustases El gustase Ella gustase Usted gustase Nos gustásemos Vos gustaseis Ellos gustasen Ustedes gustasen	Yo gustara Tu gustara El gustara Ella gustara Usted gustara Nos gustáramos Vos gustarais Ellos gustaran Ustedes gustaran
Present Perfect **Presente Perfecto**	**Past Perfect or Pluperfect** **Pasado Perfecto o Pluscuamperfecto**	
Yo haya gustado Tu hayas gustado El haya gustado El haya gustado Usted haya gustado Nos hayamos gustado Vos hayáis gustado Ellos hayan gustado Ustedes hayan gustado	Yo hubiera gustado Tu hubieras gustado Él hubiera gustado Ella hubiera gustado Ella hubiera gustado Nos hubiéramos gustado Vos hubierais gustado Ellos hubieran gustado Ustedes hubieran gustado	Yo hubiese gustado Tu hubieses gustado Él hubiese gustado Ella hubiese gustado Usted hubiese gustado Nos hubiésemos gustado Vos hubieseis gustado Ellos hubiesen gustado Ustedes hubiesen gustado

Subjunctive of the verb TO NEED Subjuntivo del verbo NECESITAR			
Present **Presente**	**Past Imperfect** **Pasado Imperfecto**		
Yo necesite Tu necesites Él necesite Ella necesite Usted necesite Nos necesitemos Vos necesitéis Ellos necesiten Ustedes necesiten	Yo necesitase Tu necesitases El necesitase Ella necesitase Usted necesitase Nos necesitásemos Vos necesitaseis Ellos necesitasen Ustedes necesitasen		Yo necesitara Tu necesitara El necesitara Ella necesitara Usted necesitara Nos necesitáramos Vos necesitarais Ellos necesitaran Ustedes necesitaran
Present Perfect **Presente Perfecto**	**Past Perfect or Pluperfect** **Pasado Perfecto o Pluscuamperfecto**		
Yo haya necesitado Tu hayas necesitado El haya necesitado El haya necesitado Usted haya necesitado Nos hayamos necesitado Vos hayáis necesitado Ellos hayan necesitado Ustedes hayan necesitado	Yo hubiera necesitado Tu hubieras necesitado Él hubiera necesitado Ella hubiera necesitado Ella hubiera necesitado Nos hubiéramos necesitado Vos hubierais necesitado Ellos hubieran necesitado Ustedes hubieran necesitado		Yo hubiese necesitado Tu hubieses necesitado Él hubiese necesitado Ella hubiese necesitado Usted hubiese necesitado Nos hubiésemos necesitado Vos hubieseis necesitado Ellos hubiesen necesitado Ustedes hubiesen necesitado

Subjunctive of the verb RUN Subjuntivo del verbo CORRER		
Present **Presente**	**Past Imperfect** **Pasado Imperfecto**	
Yo corra Tu corras Él corra Ella corra Usted corra Nos corramos Vos corráis Ellos corran Ustedes corran	Yo corriese Tu corrieses El corriese Ella corriese Usted corriese Nos corriésemos Vos corrieseis Ellos corriesen Ustedes corriesen	Yo corriera Tu corrieras El corriera Ella corriera Usted corriera Nos corriéramos Vos corrierais Ellos corrieran Ustedes corrieran
Present Perfect **Presente Perfecto**	**Past Perfect or Pluperfect** **Pasado Perfecto o Pluscuamperfecto**	
Yo haya corrido Tu hayas corrido El haya corrido El haya corrido Usted haya corrido Nos hayamos corrido Vos hayáis corrido Ellos hayan corrido Ustedes hayan corrido	Yo hubiera corrido Tu hubieras corrido Él hubiera corrido Ella hubiera corrido Ella hubiera corrido Nos hubiéramos corrido Vos hubierais corrido Ellos hubieran corrido Ustedes hubieran corrido	Yo hubiese corrido Tu hubieses corrido Él hubiese corrido Ella hubiese corrido Usted hubiese corrido Nos hubiésemos corrido Vos hubieseis corrido Ellos hubiesen corrido Ustedes hubiesen corrido

Subjunctive of the SPEND Subjuntivo del verbo GASTAR		
Present **Presente**	**Past Imperfect** **Pasado Imperfecto**	
Yo gaste Tu gastes Él gaste Ella gaste Usted gaste Nos gastemos Vos gastéis Ellos gasten Ustedes gasten	Yo gastase Tu gastases El gastase Ella gastase Usted gastase Nos gastásemos Vos gastaseis Ellos gastasen Ustedes gastasen	Yo gastara Tu gastaras El gastara Ella gastara Usted gastara Nos gastáramos Vos gastarais Ellos gastaran Ustedes gastaran
Present Perfect **Presente Perfecto**	**Past Perfect or Pluperfect** **Pasado Perfecto o Pluscuamperfecto**	
Yo haya gastado Tu hayas gastado El haya gastado El haya gastado Usted haya gastado Nos hayamos gastado Vos hayáis gastado Ellos hayan gastado Ustedes hayan gastado	Yo hubiera gastado Tu hubieras gastado Él hubiera gastado Ella hubiera gastado Ella hubiera gastado Nos hubiéramos gastado Vos hubierais gastado Ellos hubieran gastado Ustedes hubieran gastado	Yo hubiese gastado Tu hubieses gastado Él hubiese gastado Ella hubiese gastado Usted hubiese gastado Nos hubiésemos gastado Vos hubieseis gastado Ellos hubiesen gastado Ustedes hubiesen gastado

Subjunctive of the verb TEACH Subjuntivo del verbo ENSEÑAR		
*Present Presente	Past Imperfect Pasado Imperfecto	
Yo enseñe Tu enseñes Él enseñe Ella enseñe Usted enseñe Nos enseñemos Vos enseñéis Ellos enseñen Ustedes enseñen	Yo enseñase Tu enseñases El enseñase Ella enseñase Usted enseñase Nos enseñásemos Vos enseñaseis Ellos enseñasen Ustedes enseñasen	Yo enseñara Tu enseñaras El enseñara Ella enseñara Usted enseñara Nos enseñáramos Vos enseñarais Ellos enseñaran Ustedes enseñaran
Present Perfect Presente Perfecto	Past Perfect or Pluperfect Pasado Perfecto o Pluscuamperfecto	
Yo haya enseñado Tu hayas enseñado El haya enseñado El haya c enseñado Usted haya enseñado Nos hayamos enseñado Vos hayáis enseñado Ellos hayan enseñado Ustedes hayan enseñado	Yo hubiera enseñado Tu hubieras enseñado Él hubiera enseñado Ella hubiera enseñado Ella hubiera enseñado Nos hubiéramos enseñado Vos hubierais enseñado Ellos hubieran enseñado Ustedes hubieran enseñado	Yo hubiese enseñado Tu hubieses enseñado Él hubiese enseñado Ella hubiese enseñado Usted hubiese enseñado Nos hubiésemos enseñado Vos hubieseis enseñado Ellos hubiesen enseñado Ustedes hubiesen enseñado

Subjunctive of the verb LEARN Subjuntivo del verbo APRENDER		
Present **Presente**	**Past Imperfect** **Pasado Imperfecto**	
Yo aprenda Tu aprendas Él aprenda Ella aprenda Usted aprenda Nos aprendamos Vos aprendéis Ellos aprendan Ustedes aprendan	Yo aprendiese Tu aprendieses El aprendiese Ella aprendiese Usted aprendiese Nos aprendiésemos Vos aprendieseis Ellos aprendiesen Ustedes aprendiesen	Yo aprendiera Tu aprendiera El aprendiera Ella aprendiera Usted aprendiera Nos aprendiéramos Vos aprendierais Ellos aprendieran Ustedes aprendieran
Present Perfect **Presente Perfecto**	**Past Perfect or Pluperfect** **Pasado Perfecto o Pluscuamperfecto**	
Yo haya aprendido Tu hayas aprendido El haya aprendido El haya aprendido Usted haya aprendido Nos hayamos aprendido Vos hayáis aprendido Ellos hayan aprendido Ustedes hayan aprendido	Yo hubiera aprendido Tu hubieras aprendido Él hubiera aprendido Ella hubiera aprendido Ella hubiera aprendido Nos hubiéramos aprendido Vos hubierais aprendido Ellos hubieran aprendido Ustedes hubieran aprendido	Yo hubiese aprendido Tu hubieses aprendido Él hubiese aprendido Ella hubiese aprendido Usted hubiese aprendido Nos hubiésemos aprendido Vos hubieseis aprendido Ellos hubiesen aprendido Ustedes hubiesen aprendido

Subjunctive of the verb WRITE Subjuntivo del verbo ESCRIBIR		
Present **Presente**	**Past Imperfect** **Pasado Imperfecto**	
Yo escriba Tu escribas Él escriba Ella escriba Usted escriba Nos escribamos Vos escribáis Ellos escriban Ustedes escriban	Yo aprendiese Tu aprendieses El aprendiese Ella aprendiese Usted aprendiese Nos aprendiésemos Vos aprendieseis Ellos aprendiesen Ustedes aprendiesen	Yo aprendiera Tu aprendiera El aprendiera Ella aprendiera Usted aprendiera Nos aprendiéramos Vos aprendierais Ellos aprendieran Ustedes aprendieran
Present Perfect **Presente Perfecto**	**Past Perfect or Pluperfect** **Pasado Perfecto o Pluscuamperfecto**	
Yo haya escrito Tu hayas escrito El haya escrito El haya escrito Usted haya escrito Nos hayamos escrito Vos hayáis escrito Ellos hayan escrito Ustedes hayan escrito	Yo hubiera escrito Tu hubiera escrito Él hubiera escrito Ella hubiera escrito Ella hubiera escrito Nos hubiéramos escrito Vos hubierais escrito Ellos hubieran escrito Ustedes hubieran escrito	Yo hubiese escrito Tu hubieses escrito Él hubiese escrito Ella hubiese escrito Usted hubiese escrito Nos hubiésemos escrito Vos hubieseis escrito Ellos hubiesen escrito Ustedes hubiesen escrito

Subjunctive of the verb OPEN Subjuntivo del verbo ABRIR			
Present **Presente**	**Past Imperfect** **Pasado Imperfecto**		
Yo abra Tu abras Él abra Ella abra Usted abra Nos abra Vos abráis Ellos abran Ustedes abran	Yo abriese Tu abrieses El abriese Ella abriese Usted abriese Nos abriésemos Vos abrieseis Ellos abriesen Ustedes abriesen		Yo abriera Tu abrieras El abriera Ella abriera Usted abriera Nos abriéramos Vos abrierais Ellos abrieran Ustedes abrieran
Present Perfect **Presente Perfecto**	**Past Perfect or Pluperfect** **Pasado Perfecto o Pluscuamperfecto**		
Yo haya abierto Tu hayas abierto El haya abierto El haya abierto Usted haya abierto Nos hayamos abierto Vos hayáis abierto Ellos hayan abierto Ustedes hayan abierto	Yo hubiera abierto Tu hubieras abierto Él hubiera abierto Ella hubiera abierto Ella hubiera abierto Nos hubiéramos abierto Vos hubierais abierto Ellos hubieran abierto Ustedes hubieran abierto		Yo hubiese abierto Tu hubieses abierto Él hubiese abierto Ella hubiese abierto Usted hubiese abierto Nos hubiésemos abierto Vos hubieseis abierto Ellos hubiesen abierto Ustedes hubiesen abierto

Subjunctive of the verb LIVE Subjuntivo del verbo VIVIR		
Present **Presente**	**Past Imperfect** **Pasado Imperfecto**	
Yo viva	Yo viviese	Yo viviera
Tu vivas	Tu vivieses	Tu vivieras
Él viva	El viviese	El viviera
Ella viva	Ella viviese	Ella viviera
Usted viva	Usted viviese	Usted viviera
Nos viva	Nos viviésemos	Nos viviéramos
Vos viváis	Vos vivieseis	Vos vivierais
Ellos vivan	Ellos viviesen	Ellos vivieran
Ustedes vivan	Ustedes viviesen	Ustedes vivieran
Present Perfect **Presente Perfecto**	**Past Perfect or Pluperfect** **Pasado Perfecto o Pluscuamperfecto**	
Yo haya vivido	Yo hubiera vivido	Yo hubiese vivido
Tu hayas vivido	Tu hubieras vivido	Tu hubieses vivido
El haya vivido	Él hubiera vivido	Él hubiese vivido
El haya vivido	Ella hubiera vivido	Ella hubiese vivido
Usted haya vivido	Ella hubiera vivido	Usted hubiese vivido
Nos hayamos vivido	Nos hubiéramos vivido	Nos hubiésemos vivido
Vos hayáis vivido	Vos hubierais vivido	Vos hubieseis vivido
Ellos hayan vivido	Ellos hubieran vivido	Ellos hubiesen vivido
Ustedes hayan vivido	Ustedes hubieran vivido	Ustedes hubiesen vivido

Irregular verb Conjugations
Conjugaciones de los verbos

Subjunctive of the verb TO BE Subjuntivo del verbo SER		
Present **Presente**	**Past Imperfect** **Pasado Imperfecto**	
Yo sea Tu seas Él sea Ella sea Usted sea Nos seamos Vos seáis Ellos sean Ustedes sean	Yo fuese Tu fueses El fuese Ella fuese Usted fuese Nos fuésemos Vos fueseis Ellos fuesen Ustedes fuesen	Yo fuera Tu fueras El fuera Ella fuera Usted fuera Nos fuéramos Vos fuerais Ellos fueran Ustedes fueran
Present Perfect **Presente Perfecto**	**Past Perfect or Pluperfect** **Pasado Perfecto o Pluscuamperfecto**	
Yo haya sido Tu hayas sido El haya sido El haya sido Usted haya sido Nos hayamos sido Vos hayáis sido Ellos hayan sido Ustedes hayan sido	Yo hubiera sido Tu hubieras sido Él hubiera sido Ella hubiera sido Ella hubiera sido Nos hubiéramos sido Vos hubierais sido Ellos hubieran sido Ustedes hubieran sido	Yo hubiese sido Tu hubieses sido Él hubiese sido Ella hubiese sido Usted hubiese sido Nos hubiésemos sido Vos hubieseis sido Ellos hubiesen sido Ustedes hubiesen sido

Subjunctive of the verb TO BE Subjuntivo del verbo ESTAR		
Present **Presente**	**Past Imperfect** **Pasado Imperfecto**	
Yo esté Tu estés Él esté Ella esté Usted esté Nos estemos Vos estéis Ellos estén Ustedes estén	Yo estuviese Tu estuvieses El estuviese Ella estuviese Usted estuviese Nos estuviésemos Vos estuvieseis Ellos estuviesen Ustedes estuviesen	Yo estuviera Tu estuvieras El estuviera Ella estuviera Usted estuviera Nos estuviéramos Vos estuvierais Ellos estuvieran Ustedes estuvieran
Present Perfect **Presente Perfecto**	**Past Perfect or Pluperfect** **Pasado Perfecto o Pluscuamperfecto**	
Yo haya estado Tu hayas estado El haya estado El haya estado Usted haya estado Nos hayamos estado Vos hayáis estado Ellos hayan estado Ustedes hayan estado	Yo hubiera estado Tu hubieras estado Él hubiera estado Ella hubiera estado Ella hubiera estado Nos hubiéramos estado Vos hubierais estado Ellos hubieran estado Ustedes hubieran estado	Yo hubiese estado Tu hubieses estado Él hubiese estado Ella hubiese estado Usted hubiese estado Nos hubiésemos estado Vos hubieseis estado Ellos hubiesen estado Ustedes hubiesen estado

Subjunctive of the verb TO HAVE Subjuntivo del verbo TENER			
Present **Presente**	**Past Imperfect** **Pasado Imperfecto**		
Yo tenga Tu tengas Él tenga Ella tenga Usted tenga Nos tengamos Vos tengáis Ellos tengan Ustedes tengan	Yo tuviese Tu tuvieses El tuviese Ella tuviese Usted tuviese Nos tuviésemos Vos tuvieseis Ellos tuviesen Ustedes tuviesen		Yo tuviera Tu tuvieras El tuviera Ella tuviera Usted tuviera Nos tuviéramos Vos tuvierais Ellos tuvieran Ustedes tuvieran
Present Perfect **Presente Perfecto**	**Past Perfect or Pluperfect** **Pasado Perfecto o Pluscuamperfecto**		
Yo haya tenido Tu hayas tenido El haya tenido El haya tenido Usted haya tenido Nos hayamos tenido Vos hayáis tenido Ellos hayan tenido Ustedes hayan tenido	Yo hubiera tenido Tu hubieras tenido Él hubiera tenido Ella hubiera tenido Ella hubiera tenido Nos hubiéramos tenido Vos hubierais tenido Ellos hubieran tenido Ustedes hubieran tenido		Yo hubiese tenido Tu hubieses tenido Él hubiese tenido Ella hubiese tenido Usted hubiese tenido Nos hubiésemos tenido Vos hubieseis tenido Ellos hubiesen tenido Ustedes hubiesen tenido

Subjunctive of the verb TO DO Subjuntivo del verbo HACER			
Present **Presente**			**Past Imperfect** **Pasado Imperfecto**
Yo haga Tu hagas Él haga Ella haga Usted haga Nos hagamos Vos tengáis Ellos hagan Ustedes hagan			Yo hiciese Tu hicieses El hiciese Ella hiciese Usted hiciese Nos hiciésemos Vos hicieseis Ellos hiciesen Ustedes hiciesen	Yo hiciera Tu hicieras El hiciera Ella hiciera Usted hiciera Nos hiciéramos Vos hicierais Ellos hicieran Ustedes hicieran
Present Perfect **Presente Perfecto**			**Past Perfect or Pluperfect** **Pasado Perfecto o Pluscuamperfecto**
Yo haya hecho Tu hayas hecho El haya hecho El haya hecho Usted haya hecho Nos hayamos hecho Vos hayáis hecho Ellos hayan hecho Ustedes hayan hecho			Yo hubiera hecho Tu hubieras hecho Él hubiera hecho Ella hubiera hecho Ella hubiera hecho Nos hubiéramos hecho Vos hubierais hecho Ellos hubieran hecho Ustedes hubieran hecho	Yo hubiese hecho Tu hubieses hecho Él hubiese hecho Ella hubiese hecho Usted hubiese hecho Nos hubiésemos hecho Vos hubieseis hecho Ellos hubiesen hecho Ustedes hubiesen hecho

Subjunctive of the verb TO BRING Subjuntivo del verbo TRAER		
Present **Presente**	**Past Imperfect** **Pasado Imperfecto**	
Yo traiga Tu traigas Él traiga Ella traiga Usted traiga Nos traigamos Vos traigáis Ellos traigan Ustedes traigan	Yo trajese Tu trajeses El trajese Ella trajese Usted trajese Nos trajésemos Vos trajeseis Ellos trajesen Ustedes trajesen	Yo trajera Tu trajeras El trajera Ella trajera Usted trajera Nos trajéramos Vos trajerais Ellos trajeran Ustedes trajeran
Present Perfect **Presente Perfecto**	**Past Perfect or Pluperfect** **Pasado Perfecto o Pluscuamperfecto**	
Yo haya traído Tu hayas traído El haya traído El haya traído Usted haya traído Nos hayamos traído Vos hayáis traído Ellos hayan traído Ustedes hayan traído	Yo hubiera traído Tu hubieras traído Él hubiera traído Ella hubiera traído Ella hubiera traído Nos hubiéramos traído Vos hubierais traído Ellos hubieran traído Ustedes hubieran traído	Yo hubiese traído Tu hubieses traído Él hubiese traído Ella hubiese traído Usted hubiese traído Nos hubiésemos traído Vos hubieseis traído Ellos hubiesen traído Ustedes hubiesen traído

Subjunctive of the verb CAN Subjuntivo del verbo PODER		
Present **Presente**	**Past Imperfect** **Pasado Imperfecto**	
Yo pueda Tu puedas Él pueda Ella pueda Usted pueda Nos podamos Vos podáis Ellos puedan Ustedes puedan	Yo pudiese Tu pudieses El pudiese Ella pudiese Usted pudiese Nos pudiésemos Vos pudieseis Ellos pudiesen Ustedes pudiesen	Yo pudiera Tu pudieras El pudiera Ella pudiera Usted pudiera Nos pudiéramos Vos pudierais Ellos pudieran Ustedes pudieran
Present Perfect **Presente Perfecto**	**Past Perfect or Pluperfect** **Pasado Perfecto o Pluscuamperfecto**	
Yo haya podido Tu hayas podido El haya podido El haya podido Usted haya podido Nos hayamos podido Vos hayáis podido Ellos hayan podido Ustedes hayan podido	Yo hubiera podido Tu hubieras podido Él hubiera podido Ella hubiera podido Ella hubiera podido Nos hubiéramos podido Vos hubierais podido Ellos hubieran podido Ustedes hubieran podido	Yo hubiese podido Tu hubieses podido Él hubiese podido Ella hubiese podido Usted hubiese podido Nos hubiésemos podido Vos hubieseis podido Ellos hubiesen podido Ustedes hubiesen podido

Subjunctive of the verb TO READ Subjuntivo del verbo LEER			
Present **Presente**	**Past Imperfect** **Pasado Imperfecto**		
Yo lea Tus leas Él lea Ella lea Usted lea Nos leamos Vos leáis Ellos lean Ustedes lean	Yo leyese Tu leyeses El leyese Ella leyese Usted leyese Nos leyésemos Vos leyeseis Ellos leyesen Ustedes leyesen		Yo leyera Tu leyeras El leyera Ella leyera Usted leyera Nos leyéramos Vos leyerais Ellos leyeran Ustedes leyeran
Present Perfect **Presente Perfecto**	**Past Perfect or Pluperfect** **Pasado Perfecto o Pluscuamperfecto**		
Yo haya leído Tu hayas leído El haya leído El haya leído Usted haya leído Nos hayamos leído Vos hayáis leído Ellos hayan leído Ustedes hayan leído	Yo hubiera leído Tu hubieras leído Él hubiera leído Ella hubiera leído Ella hubiera leído Nos hubiéramos leído Vos hubierais leído Ellos hubieran leído Ustedes hubieran leído		Yo hubiese leído Tu hubieses leído Él hubiese leído Ella hubiese leído Usted hubiese leído Nos hubiésemos leído Vos hubieseis leído Ellos hubiesen leído Ustedes hubiesen leído

Subjunctive of the verb TO GIVE Subjuntivo del verbo DAR		
Present **Presente**	**Past Imperfect** **Pasado Imperfecto**	
Yo de Tu des Él de Ella de Usted de Nos demos Vos deis Ellos den Ustedes den	Yo diese Tu dieses El diese Ella diese Usted diese Nos diésemos Vos dieseis Ellos diesen Ustedes diesen	Yo diera Tu dieras El diera Ella diera Usted diera Nos diéramos Vos dierais Ellos dieran Ustedes dieran
Present Perfect **Presente Perfecto**	**Past Perfect or Pluperfect** **Pasado Perfecto o Pluscuamperfecto**	
Yo haya dado Tu hayas dado El haya dado El haya dado Usted haya dado Nos hayamos dado Vos hayáis dado Ellos hayan dado Ustedes hayan dado	Yo hubiera dado Tu hubieras dado Él hubiera dado Ella hubiera dado Ella hubiera dado Nos hubiéramos dado Vos hubierais dado Ellos hubieran dado Ustedes hubieran dado	Yo hubiese dado Tu hubieses dado Él hubiese dado Ella hubiese dado Usted hubiese dado Nos hubiésemos dado Vos hubieseis dado Ellos hubiesen dado Ustedes hubiesen dado

Subjunctive of the verb TO GO Subjuntivo del verbo IR		
Present **Presente**	**Past Imperfect** **Pasado Imperfecto**	
Yo vaya Tu vayas Él vaya Ella vaya Usted vaya Nos vayamos Vos vayáis Ellos vayan Ustedes vayan	Yo fuese Tu fueses El fuese Ella fuese Usted fuese Nos fuésemos Vos fueseis Ellos d fuesen Ustedes fuesen	Yo fuera Tu fueras El fuera Ella fuera Usted fuera Nos fuéramos Vos fuerais Ellos fueran Ustedes fueran
Present Perfect **Presente Perfecto**	**Past Perfect or Pluperfect** **Pasado Perfecto o Pluscuamperfecto**	
Yo haya ido Tu hayas ido El haya ido El haya ido Usted haya ido Nos hayamos ido Vos hayáis ido Ellos hayan ido Ustedes hayan ido	Yo hubiera ido Tu hubieras ido Él hubiera ido Ella hubiera ido Ella hubiera ido Nos hubiéramos ido Vos hubierais ido Ellos hubieran ido Ustedes hubieran ido	Yo hubiese ido Tu hubieses ido Él hubiese ido Ella hubiese ido Usted hubiese ido Nos hubiésemos ido Vos hubieseis ido Ellos hubiesen ido Ustedes hubiesen ido

Subjunctive of the verb TO KNOW Subjuntivo del verbo SABER		
Present **Presente**	**Past Imperfect** **Pasado Imperfecto**	
Yo sepa Tu sepas Él sepa Ella sepa Usted sepa Nos sepamos Vos sepáis Ellos sepan Ustedes sepan	Yo supiese Tu fueses El fuese Ella fuese Usted fuese Nos fuésemos Vos fueseis Ellos fuesen Ustedes fuesen	Yo supiera Tu supieras El supiera Ella supiera Usted supiera Nos supiéramos Vos fuerais Ellos fueran Ustedes fueran
Present Perfect **Presente Perfecto**	**Past Perfect or Pluperfect** **Pasado Perfecto o Pluscuamperfecto**	
Yo haya sabido Tu hayas sabido El haya sabido El haya sabido Usted haya sabido Nos hayamos sabido Vos hayáis sabido Ellos hayan sabido Ustedes hayan sabido	Yo hubiera sabido Tu hubieras sabido Él hubiera sabido Ella hubiera sabido Ella hubiera sabido Nos hubiéramos sabido Vos hubierais sabido Ellos hubieran sabido Ustedes hubieran sabido	Yo hubiese sabido Tu hubieses sabido Él hubiese sabido Ella hubiese sabido Usted hubiese sabido Nos hubiésemos sabido Vos hubieseis sabido Ellos hubiesen sabido Ustedes hubiesen sabido

Subjunctive of the verb TO WALK Subjuntivo del verbo CAMINAR		
Present **Presente**	**Past Imperfect** **Pasado Imperfecto**	
Yo camine Tu camines Él camine Ella camine Usted camine Nos caminemos Vos caminéis Ellos caminen Ustedes caminen	Yo caminase Tu caminases El caminase Ella caminase Usted caminase Nos caminásemos Vos caminaseis Ellos caminasen Ustedes caminasen	Yo caminara Tu caminaras El caminara Ella caminara Usted caminara Nos camináramos Vos caminarais Ellos caminaran Ustedes caminaran
Present Perfect **Presente Perfecto**	**Past Perfect or Pluperfect** **Pasado Perfecto o Pluscuamperfecto**	
Yo haya caminado Tu hayas caminado El haya caminado El haya caminado Usted haya caminado Nos hayamos caminado Vos hayáis caminado Ellos hayan caminado Ustedes hayan caminado	Yo hubiera caminado Tu hubieras caminado Él hubiera caminado Ella hubiera caminado Ella hubiera caminado Nos hubiéramos caminado Vos hubierais caminado Ellos hubieran sabido Ustedes hubieran caminado	Yo hubiese caminado Tu hubieses caminado Él hubiese caminado Ella hubiese caminado Usted hubiese caminado Nos hubiésemos caminado Vos hubieseis caminado Ellos hubiesen caminado Ustedes hubiesen caminado

Subjunctive of the verb TO SAY Subjuntivo del verbo DECIR			
Present **Presente**	**Past Imperfect** **Pasado Imperfecto**		
Yo diga Tu digas Él diga Ella diga Usted diga Nos digamos Vos digáis Ellos digan Ustedes digan	Yo dijese Tu dijeses El dijese Ella dijese Usted dijese Nos dijésemos Vos dijeseis Ellos dijesen Ustedes dijesen		Yo dijera Tu dijeras El dijera Ella dijera Usted dijera Nos dijéramos Vos dijerais Ellos dijeran Ustedes dijeran
Present Perfect **Presente Perfecto**	**Past Perfect or Pluperfect** **Pasado Perfecto o Pluscuamperfecto**		
Yo haya dicho Tu hayas dicho El haya dicho El haya dicho Usted haya dicho Nos hayamos dicho Vos hayáis dicho Ellos hayan dicho Ustedes hayan dicho	Yo hubiera dicho Tu hubieras dicho Él hubiera dicho Ella hubiera dicho Ella hubiera dicho Nos hubiéramos dicho Vos hubierais dicho Ellos hubieran dicho Ustedes hubieran dicho		Yo hubiese dicho Tu hubieses dicho Él hubiese dicho Ella hubiese dicho Usted hubiese dicho Nos hubiésemos dicho Vos hubieseis dicho Ellos hubiesen dicho Ustedes hubiesen dicho

Subjunctive of the verb TO LISTEN Subjuntivo del verbo ESCUCHAR			
Present **Presente**	**Past Imperfect** **Pasado Imperfecto**		
Yo escuche Tu escuches Él escuche Ella escuche Usted escuche Nos escuchemos Vos escuchéis Ellos escuchen Ustedes escuchen	Yo escuchase Tu escuchases El d escuchase Ella escuchase Usted escuchase Nos escuchásemos Vos escuchaseis Ellos escuchasen Ustedes escuchasen		Yo escuchara Tu escucharas El escuchara Ella escuchara Usted escuchara Nos escucháramos Vos escucharais Ellos escucharan Ustedes escuchara**n**
Present Perfect **Presente Perfecto**	**Past Perfect or Pluperfect** **Pasado Perfecto o Pluscuamperfecto**		
Yo haya escuchado Tu hayas escuchado El haya escuchado El haya escuchado Usted haya escuchado Nos hayamos escuchado Vos hayáis escuchado Ellos hayan escuchado Ustedes hayan escuchado	Yo hubiera escuchado Tu hubieras escuchado Él hubiera escuchado Ella hubiera escuchado Ella hubiera escuchado Nos hubiéramos escuchado Vos hubierais escuchado Ellos hubieran escuchado Ustedes hubieran escuchado		Yo hubiese escuchado Tu hubieses escuchado Él hubiese escuchado Ella hubiese escuchado Usted hubiese escuchado Nos hubiésemos escuchado Vos hubieseis escuchado Ellos hubiesen escuchado Ustedes hubiesen escuchado

Subjunctive of the verb HEAR Subjuntivo del verbo OIR		
Present **Presente**	**Past Imperfect** **Pasado Imperfecto**	
Yo oiga Tu oigas Él oiga Ella oiga Usted oiga Nos oigamos Vos oigáis Ellos oigan Ustedes oigan	Yo oyese Tu oyeses El oyese Ella oyese Usted oyese Nos oyésemos Vos oyeseis Ellos oyesen Ustedes oyesen	Yo oyera Tu oyeras El oyera Ella oyera Usted oyera Nos oyéramos Vos oyerais Ellos oyeran Ustedes oyeran
Present Perfect **Presente Perfecto**	**Past Perfect or Pluperfect** **Pasado Perfecto o Pluscuamperfecto**	
Yo haya oído Tu hayas oído El haya oído El haya oído Usted haya oído Nos hayamos oído Vos hayáis oído Ellos hayan oído Ustedes hayan oído	Yo hubiera oído Tu hubieras oído Él hubiera oído Ella hubiera oído Ella hubiera oído Nos hubiéramos oído Vos hubierais oído Ellos hubieran oído Ustedes hubieran oído	Yo hubiese oído Tu hubieses oído Él hubiese oído Ella hubiese oído Usted hubiese oído Nos hubiésemos oído Vos hubieseis oído Ellos hubiesen oído Ustedes hubiesen oído

Subjunctive of the verb TO UNDERSTAND Subjuntivo del verbo COMPRENDER			
Present **Presente**	**Past Imperfect** **Pasado Imperfecto**		
Yo comprenda Tu comprendas Él comprenda Ella comprenda Usted comprenda Nos comprendamos Vos comprendáis Ellos comprendan Ustedes comprendan	Yo comprendiese Tu comprendieses El comprendiese Ella comprendiese Usted comprendiese Nos comprendiésemos Vos comprendieseis Ellos comprendiesen Ustedes comprendiesen		Yo comprendiera Tu comprendieras El comprendiera Ella comprendiera Usted comprendiera Nos comprendiéramos Vos comprendierais Ellos comprendieran Ustedes comprendieran
Present Perfect **Presente Perfecto**	**Past Perfect or Pluperfect** **Pasado Perfecto o Pluscuamperfecto**		
Yo haya comprendido Tu hayas comprendido El haya comprendido El haya comprendido Usted haya comprendido Nos hayamos comprendido Vos hayáis comprendido Ellos hayan comprendido Ustedes hayan comprendido	Yo hubiera comprendido Tu hubieras comprendido Él hubiera comprendido Ella hubiera comprendido Ella hubiera comprendido Nos hubiéramos comprendido Vos hubierais comprendido Ellos hubieran comprendido Ustedes hubieran comprendido		Yo hubiese comprendido Tu hubieses comprendido Él hubiese comprendido Ella hubiese comprendido Usted hubiese comprendido Nos hubiésemos comprendido Vos hubieseis comprendido Ellos hubiesen comprendido Ustedes hubiesen comprendido

Subjunctive of the verb TO MOVE Subjuntivo del verbo MOVER			
Present **Presente**	**Past Imperfect** **Pasado Imperfecto**		
Yo mueva Tu muevas Él mueva Ella mueva Usted mueva Nos movamos Vos mováis Ellos muevan Ustedes muevan	Yo moviese Tu movieses El moviese Ella moviese Usted moviese Nos moviésemos Vos movieseis Ellos moviesen Ustedes moviesen		Yo moviera Tu movieras El moviera Ella moviera Usted moviera Nos moviéramos Vos movierais Ellos movieran Ustedes movieran
Present Perfect **Presente Perfecto**	**Past Perfect or Pluperfect** **Pasado Perfecto o Pluscuamperfecto**		
Yo haya movido Tu hayas movido El haya movido El haya movido Usted haya movido Nos hayamos movido Vos hayáis movido Ellos hayan movido Ustedes hayan movido	Yo hubiera movido Tu hubieras movido Él hubiera movido Ella hubiera movido Ella hubiera movido Nos hubiéramos movido Vos hubierais movido Ellos hubieran movido Ustedes hubieran movido		Yo hubiese movido Tu hubieses movido Él hubiese movido Ella hubiese movido Usted hubiese movido Nos hubiésemos movido Vos hubieseis movido Ellos hubiesen movido Ustedes hubiesen movido

Subjunctive of the verb TO PLAY Subjuntivo del verbo JUGAR		
Present **Presente**	**Past Imperfect** **Pasado Imperfecto**	
Yo juegue Tu juegues Él juegue Ella juegue Usted juegue Nos juguemos Vos juguéis Ellos jueguen Ustedes jueguen	Yo jugase Tu jugases El jugase Ella jugase Usted jugase Nos jugásemos Vos jugaseis Ellos jugasen Ustedes jugasen	Yo jugara Tu jugaras El jugara Ella jugara Usted jugara Nos jugáramos Vos jugarais Ellos jugaran Ustedes jugaran
Present Perfect **Presente Perfecto**	**Past Perfect or Pluperfect** **Pasado Perfecto o Pluscuamperfecto**	
Yo haya jugado Tu hayas jugado El haya jugado El haya jugado Usted haya jugado Nos hayamos jugado Vos hayáis jugado Ellos hayan jugado Ustedes hayan jugado	Yo hubiera jugado Tu hubieras jugado Él hubiera jugado Ella hubiera jugado Ella hubiera jugado Nos hubiéramos jugado Vos hubierais jugado Ellos hubieran jugado Ustedes hubieran jugado	Yo hubiese jugado Tu hubieses jugado Él hubiese jugado Ella hubiese jugado Usted hubiese jugado Nos hubiésemos jugado Vos hubieseis jugado Ellos hubiesen jugado Ustedes hubiesen jugado

Subjunctive of the verb TO FIT Subjuntivo del verbo CABER		
Present **Presente**	**Past Imperfect** **Pasado Imperfecto**	
Yo quepa Tu quepas Él quepa Ella quepa Usted quepa Nos quepamos Vos quepáis Ellos quepan Ustedes quepan	Yo cupiese Tu cupieses El cupiese Ella cupiese Usted cupiese Nos cupiésemos Vos cupieseis Ellos cupiesen Ustedes cupiesen	Yo cupiera Tu cupieras El cupiera Ella cupiera Usted cupiera Nos cupiéramos Vos cupierais Ellos cupieran Ustedes cupieran
Present Perfect **Presente Perfecto**	**Past Perfect or Pluperfect** **Pasado Perfecto o Pluscuamperfecto**	
Yo haya cabido Tu hayas cabido El haya cabido El haya cabido Usted haya cabido Nos hayamos cabido Vos hayáis cabido Ellos hayan cabido Ustedes hayan cabido	Yo hubiera cabido Tu hubieras cabido Él hubiera cabido Ella hubiera cabido Ella hubiera cabido Nos hubiéramos cabido Vos hubierais cabido Ellos hubieran cabido Ustedes hubieran cabido	Yo hubiese cabido Tu hubieses cabido Él hubiese cabido Ella hubiese cabido Usted hubiese cabido Nos hubiésemos cabido Vos hubieseis cabido Ellos hubiesen cabido Ustedes hubiesen cabido

Subjunctive of the verb TO DO Subjuntivo del verbo HACER		
Present **Presente**	**Past Imperfect** **Pasado Imperfecto**	
Yo haga Tu hagas Él haga Ella haga Usted haga Nos hagamos Vos hagáis Ellos hagan Ustedes hagan	Yo hiciese Tu hicieses El hiciese Ella hiciese Usted hiciese Nos hiciésemos Vos hicieseis Ellos hiciesen Ustedes hiciesen	Yo hiciera Tu hicieras El hiciera Ella hiciera Usted hiciera Nos hiciéramos Vos hicierais Ellos hicieran Ustedes hicieran
Present Perfect **Presente Perfecto**	**Past Perfect or Pluperfect** **Pasado Perfecto o Pluscuamperfecto**	
Yo haya hecho Tu hayas hecho El haya hecho El haya hecho Usted haya hecho Nos hayamos hecho Vos hayáis hecho Ellos hayan hecho Ustedes hayan hecho	Yo hubiera hecho Tu hubieras hecho Él hubiera hecho Ella hubiera hecho Ella hubiera hecho Nos hubiéramos hecho Vos hubierais hecho Ellos hubieran hecho Ustedes hubieran hecho	Yo hubiese hecho Tu hubieses hecho Él hubiese hecho Ella hubiese hecho Usted hubiese hecho Nos hubiésemos hecho Vos hubieseis hecho Ellos hubiesen hecho Ustedes hubiesen hecho

Subjunctive of the verb TO WORTH/VALUE Subjuntivo del verbo VALER		
Present **Presente**	**Past Imperfect** **Pasado Imperfecto**	
Yo valga Tu valgas Él valga Ella valga Usted valga Nos valgamos Vos valgáis Ellos valgan Ustedes valgan	Yo valiese Tu valieses El valiese Ella valiese Usted valiese Nos valiésemos Vos valieseis Ellos valiesen Ustedes valiesen	Yo valiera Tu valieras El valiera Ella valiera Usted valiera Nos valiéramos Vos valierais Ellos valieran Ustedes valieran
Present Perfect **Presente Perfecto**	**Past Perfect or Pluperfect** **Pasado Perfecto o Pluscuamperfecto**	
Yo haya valido Tu hayas valido El haya valido El haya valido Usted haya valido Nos hayamos valido Vos hayáis valido Ellos hayan valido Ustedes hayan valido	Yo hubiera valido Tu hubieras valido Él hubiera valido Ella hubiera valido Ella hubiera valido Nos hubiéramos valido Vos hubierais valido Ellos hubieran valido Ustedes hubieran valido	Yo hubiese valido Tu hubieses valido Él hubiese valido Ella hubiese valido Usted hubiese valido Nos hubiésemos valido Vos hubieseis valido Ellos hubiesen valido Ustedes hubiesen valido

Subjunctive of the verb TO LEAVE Subjuntivo del verbo SALIR			
Present **Presente**	**Past Imperfect** **Pasado Imperfecto**		
Yo salga Tu salgas Él salga Ella salga Usted salga Nos salgamos Vos salgáis Ellos salgan Ustedes salgan	Yo saliese Tu salieses El saliese Ella saliese Usted saliese Nos saliésemos Vos salieseis Ellos saliesen Ustedes saliesen	Yo saliera Tu salieras El saliera Ella saliera Usted saliera Nos saliéramos Vos salierais Ellos salieran Ustedes salieran	
Present Perfect **Presente Perfecto**	**Past Perfect or Pluperfect** **Pasado Perfecto o Pluscuamperfecto**		
Yo haya salido Tu hayas salido El haya salido El haya salido Usted haya salido Nos hayamos salido Vos hayáis salido Ellos hayan salido Ustedes hayan salido	Yo hubiera salido Tu hubieras salido Él hubiera salido Ella hubiera salido Ella hubiera salido Nos hubiéramos salido Vos hubierais salido Ellos hubieran salido Ustedes hubieran salido	Yo hubiese salido Tu hubieses salido Él hubiese salido Ella hubiese salido Usted hubiese salido Nos hubiésemos salido Vos hubieseis salido Ellos hubiesen salido Ustedes hubiesen salido	

Subjunctive of the verb COME Subjuntivo del verbo VENIR		
Present **Presente**	**Past Imperfect** **Pasado Imperfecto**	
Yo venga Tu vengas Él venga Ella venga Usted venga Nos vengamos Vos vengáis Ellos vengan Ustedes vengan	Yo viniese Tu vinieses El viniese Ella viniese Usted viniese Nos viniésemos Vos vinieseis Ellos viniesen Ustedes viniesen	Yo viniera Tu vinieras El viniera Ella viniera Usted viniera Nos viniéramos Vos vinierais Ellos vinieran Ustedes vinieran
Present Perfect **Presente Perfecto**	**Past Perfect or Pluperfect** **Pasado Perfecto o Pluscuamperfecto**	
Yo haya venido Tu hayas venido El haya venido El haya venido Usted haya venido Nos hayamos venido Vos hayáis venido Ellos hayan venido Ustedes hayan venido	Yo hubiera venido Tu hubieras venido Él hubiera venido Ella hubiera venido Ella hubiera venido Nos hubiéramos venido Vos hubierais venido Ellos hubieran venido Ustedes hubieran venido	Yo hubiese venido Tu hubieses venido Él hubiese venido Ella hubiese venido Usted hubiese venido Nos hubiésemos venido Vos hubieseis venido Ellos hubiesen venido Ustedes hubiesen venido

ABOUT THE AUTHORS

James B. Roseborough
www.jbroseborough.com

6 years of military experience where he developed telecommunications skills, teamwork and problem solving to achieve short-term and long-term goals.

Additionally, he worked in sales for 8 years where he had the opportunity to train staff to become sales development representatives. He worked in the oil and gas industry for 7 years.

One of the things he is most passionate about is the Spanish language. He loves helping other people succeed in their quest to become bilingual.

Prior to founding ShareLingo, James Archer had multiple "careers."

Computer Engineer, Corporate Director, and General Manager, Art Gallery Software Developer, and even Inventor, holding multiple patents. He has contributed his expertise to many corporate and nonprofit boards of directors. He has two grown children, and makes his home in Phoenix, Arizona.

He also loves to travel whenever possible, primarily to Central and South America.

James B. Archer Jr.
www.jbarcher.com

SOBRE LOS AUTORES

James B. Roseborough
www.jbroseborough.com

6 años de experiencia militar dónde desarrolló habilidades en telecomunicaciones, trabajo en equipo y resolución de problemas para lograr objetivos a corto y largo plazo.

Además, trabajó en ventas por 8 años dónde tuvo la oportunidad de entrenar al personal para convertirlos en representante de desarrollo de ventas. Trabajó en la industria del petróleo y el gas por 7 años.

Una de las cosas que más le apasiona es el idioma Español. Le encanta ayudar a otras personas a tener éxito en su búsqueda por convertirse en bilingües.

Antes de fundar ShareLingo, James Archer tuvo múltiples "carreras".

Ingeniero Informático, Director Corporativo y Gerente General, Desarrollador de Software de Galería de Arte e incluso Inventor, con múltiples patentes. Ha contribuido con su experiencia a muchas juntas directivas corporativas y sin fines de lucro. Tiene dos hijos adultos y vive en Phoenix, Arizona.

También le encanta viajar siempre que sea posible, principalmente a América Central y América del Sur.

James B. Archer Jr.
www.jbarcher.com

CONCLUSION
CONCLUSIÓN

"Every action we take impacts the lives of others around us. The question is: Are you aware of YOUR impact?" Arthur Carmazzi	"Cada acción que tomamos impacta la vida de los que nos rodean. La pregunta es: ¿Eres consciente de TU impacto?" Arturo Carmazzi
Dear Reader,	Querido lector,
I hope that you will join me in thanking James Roseborough for creating all the examples in this book for you. And let's also thank Ana Ugarte for her tireless work formatting, organizing, and designing this book.	Espero que se una a mí para agradecer a James Roseborough por crear todos los ejemplos de este libro para usted. Y también agradezcamos a Ana Ugarte por su incansable trabajo formateando, organizando y diseñando este libro.
And while you are at it, give yourself a big pat on the back as well.	Y mientras estás en eso, date una gran palmadita en la espalda también.
Your quest to improve the way you express yourself in Spanish has no doubt also impacted the lives of anyone you have practiced with while you have explored these examples along with native Spanish speakers.	Tu búsqueda para mejorar la forma en que te expresas en Inglés sin duda también ha impactado la vida de cualquier persona con la que hayas practicado mientras explorabas estos ejemplos junto con hablantes nativos del Inglés.
I hope you continue to do that, either with our community here at The ShareLingo Project, or within your own local community. Or both! because, when you help another human being achieve their goals, the benefits come back to you 10-fold.	Espero que continúe haciendo eso, ya sea con nuestra comunidad aquí en El Proyecto ShareLingo, o dentro de tu propia comunidad local. ¡O tal vez ambos! porque, cuando ayudas a otro ser humano a lograr sus objetivos, los beneficios se multiplican por 10.
Keep up the good work. And remember to enjoy the process along the way.	Sigue con el buen trabajo. Y recuerda disfrutar el proceso a lo largo del camino.
James B. Archer, Jr.	**James B. Archer, Jr.**

OTHER RESOURCES
OTROS RECURSOS

Join the community and access our full course

https://www.isharelingo.com/courseSR

Free Resource: The Exact Method

https://www.isharelingo.com/ExactMethodSR

Chat with us:

Team@iShareLingo.com

Únete a la comunidad y accede a nuestro curso completo

https://www.isharelingo.com/cursoSR

Recurso Gratuito: El Método Exacto

https://www.isharelingo.com/MetodoExactoSR

Habla con nosotros:

Team@iShareLingo.com

Tips For Life	*Consejos para la vida*
I never dreamed about success, I worked for it.	Nunca soñé con el éxito, Trabajé para ello.
Estee Lauder	Estee Lauder

www.ingramcontent.com/pod-product-compliance
Lightning Source LLC
Chambersburg PA
CBHW080342170426
43194CB00014B/2653